Tomás Modesto Galán

Góngora en motoconcho

Antología esencial, 1983 - 2021

Nueva York, 2021

Góngora en motoconcho. Antología esencial, 1983 - 2021

ISBN-13: 978-1-952336-01-0
ISBN-10: 1-952336-01-5

Design: © Carlos Velasquez Torres
Cover & Image: ©Jhon Aguasaco
Proofreading: Ángeles Rivas
Editor in chief: Carlos Velasquez Torres
E-mail: carlos@artepoetica.com
Mail: 38-38 215 Place, Bayside, NY 11361, USA.

© Góngora en motoconcho. Antología esencial,1983 - 2021, 2021 Tomás Modesto Galán.
© Góngora en motoconcho. Antología esencial,1983 - 2021, 2021 for this edition Artepoética Press
© "Encrucijada de mestizajes". Antonio Arroyo Silva
© "El sombrío brillo de ser nadie". Eduardo Moga

All rights reserved. No part of this publication may be reproduced, distributed, or transmitted in any form or by any means, including photocopying, recording, or other electronic or mechanical methods, without the prior written permission of the publisher, except in the case of brief quotations embodied in critical reviews and certain other non commercial uses permitted by copyright law. For permission requests, write to the publisher, addressed "Attention: Permissions Coordinator," at the address below: 38-38 215 Place, Bayside, NY 11361, USA.

Todos los derechos reservados. Esta publicación no puede ser reproducida, ni en todo ni en parte, ni registrada en o transmitida por, un sistema de recuperación de información, en ninguna forma ni por ningún medio, sea mecánico, fotoquímico, electrónico, magnético, electroóptico, por fotocopia, o cualquier otro, sin el permiso previo por escrito de la editorial, excepto en casos de citación breve en reseñas críticas y otros usos no comerciales permitidos por la ley de derechos de autor. Para solicitar permiso, escríbale al editor a: 38-38 215 Place, Bayside, NY 11361, USA.

Tomás Modesto Galán

Góngora en motoconcho

Antología esencial, 1983-2021

Contenido

Encrucijada de mestizajes	
por Antonio Arroyo Silva	15
El sombrío brillo de ser nadie	
por Eduardo Moga	19
CENIZAS DEL VIENTO	33
Noticias	35
Náufragos esperando en el tejado	36
En la celda número uno	37
Mañana para poeta	38
Contrapunto de un cuento salvadoreño	39
Parábola	40
Niño frente al cristal	41
Náufragos	42
Enmiendo tus cabellos	43
Nicaragua	44
A Juan Chacón y a los otros	46
Elegía a Ramón Galán	47
DIARIO DE CAVERNA	49
El cuerpo que se arquea a esta hora	51
III Necesito ese rostro de viudas	53
Desconchar imanes	54
La casa prueba	55
El caos perdurable	57
VII En ningún cine	58
CUADERNOS DE INMIGRANTES I	59
Desencanto del realismo	61
Seaport	64
Café en la 149	66
Mount Hope	68
CUADERNOS DE INMIGRANTES II	71

Notoriedad del cuerpo	73
Jardines de abril, murales	75
Jardines de la avenida	76
Cuerpo recostado	77
Una mujer cuida el mundo	78
Legado femenino	79
Contrastes	81
Lo que nos queda al final	83
SUBWAY VIDA SUBTERRÁNEA Y OTRAS CONFESIONES	85
Consignas	87
Carga vespertina	88
El maquinista	89
Después de una mesa de aretes	90
Maldición en los rieles	91
EL PERFUME DE *BOWLING GREEN*	**93**
Palestina	95
Si queda algún rastro	97
Diáspora mundana	99
El nuevo rostro del tirano	101
ODISEA DEL TIEMPO	103
Epitafios	105
Mujer desarmada	106
Montados sobre el 6	107
Primeras impresiones	109
ECOS DEL ARCA DIASPÓRICA	111
Carta ficticia de renuncia al Comisionado Dominicano de Cultura en USA del año 2008	113
POEMAS DEL PRIMER DÍA	123
Celebración del miércoles	125
Sin salida	127
POEMAS REVUELTOS	129
Certeza sospechosa	131
Hora de *lunch en York College*	132
Protagonismo maldito	133

Aprender a morir	135
AMOR EN BICICLETA Y OTROS POEMAS	139
Aguas prohibidas	141
Tus labios	142
Grados del tiempo	144
Tardanzas del mar	145
Cuervos en el crepúsculo	146
Múltiplos de uno	147
Talón de Aquiles	148
Amor en bicicleta	150
EL REINO DE LAS COSAS	153
La hermosa nada	155
CANTO A LA CIUDAD QUE NOS HABITA	161
Si galoparan uñas sobre el lomo sangrante	163
Si la ciudad leyera a Machado	164
De todas las ciudades visitadas	165
ALKA SELTZER	167
¿Quién nos defenderá de amar a Martin Luther King?	169
¿Quién soy yo para invocar los lápices?	170
¿Quién promete clásicos para el aburrimiento del buen gusto?	171
¿Por qué amenazo descender hacia mi propia sombra?	173
¿Quién nos defenderá de la laboriosidad racial de la inteligencia usurpadora?	174
Dime una vez más, quiénes nos defenderán de un presidiario	175
Si el amor llega a la agenda de la semana	176
EVANGELIO DESECHABLE	177
Rocío del despertar	179
Primera de corintios doce: veintiuno-veintidós	180
Un poema para Berta Cáceres	181
Pasión electrónica	182
Primera de corintios uno: veintisiete-veintinueve	183
Evangelio desechable	184
CEMENTERIO SONÁMBULO	185
Primera parte	187

Segunda parte
Exhumación poética   190
Para ayudar a los condenados a la vigilia   191
Veo notas musicales en el brazo izquierdo de un viajero   192
    DAKA DAKA DAKA, *DREAMERS*
    Y EL TREN DE LOS MUERTOS   193
Daka daka daka   195
El tren de los muertos   198
    LA ISLA INFINITA DE LOS *LOLLIPOPS*   201
Odisea de *lollipops*   203
Pesca de *lollipops*   205
La isla indivisible   206
Pabellones inteligentes   207
Deja flotar el archipiélago del pecho   208
Los *lollipops* de mayo   209
    EL PAYASO PERVERSO   211
La gran marcha por nuestras vidas   213
No hay *collusion*   218
Ay, *CUNY*, yo no puedo respirar   225
    DE TURISMO POR EL VALLE
    DE LOS CAÍDOS   229
Turismo para el *show* de la justicia   231
Tu propio Judas   233
Volví a mi abecedario semestral   242
    ELLA NO ES MI TIPO   245
Dictaduras depredadoras   247
Necrofilia fragmentaria   249
Ella no es mi tipo   250
I am not your negro   252
Yo me desdoblo   253
Necrofilia de carne y cobre   258
    BARILOCHE TROPICAL   261
Bariloche   263
El fuego de un fósforo   264
Estamos en línea   267

Esta isla no está en venta	268
Escribirás en mi cuerpo	270
CUARENTENA POÉTICA	273
Pesadilla viral	275
Abuelo	277
Social distance	278
Juego inocente	281
Tu nombre es Jonathan	284
Metamorfosis de la agonía	286
Sol pandémico	287
POEMAS NEGROS	289
-EN BUSCA DE LA NEGRITUD-	289
Caña brava	291
Carta para cortejar a un rey prófugo	292
Indulto perverso	295

Nota del editor:

En la presente edición, el autor ha incluido poemas correspondientes a libros escritos hacia finales del año 2020 y principios del 2021.

Encrucijada de mestizajes

Tomás Modesto, aquel poema tuyo que parece un rechinar de dientes, no por el rechinar en sí, sino por ese movimiento que los convoca a la fila del pelotón a la hora de la mordida *daka-daka- daka* metralleta del disparo, treinta y dos dientes por segundo a la yugular, treinta y dos dientes proyectados a la conciencia. ¿Me tocará a mí, te tocará a ti, le tocará al mismo Tomás Modesto su poder corrosivo, masticador que de pronto pasa de la boca al esófago de la poesía y después al estómago, a los intestinos y, por último, a la sala luminosa de los poderosos en forma de mierda? Mierda por mierda que nos hacen tragar, Tomás Modesto. Mierda de tomar acta surrealista del estado de un cadáver y tener que alzar el cráneo de York de la tumba y ahora New York es una ciudad de miles de cadáveres de la República Dominicana que vagan por las Avenidas como zombies olvidando las instrucciones de que aquí no pasa nada y que la patria protege a los poetas hijos, amigos, apesebrados de los próceres y desteje a los muertos de hambre que elevan jitanjáforas que sus ancestros africanos traían en la memoria del tambor de guerra: *daka-daka, tus dientes; daka-daka, los dientes del poema; daka-daka, el tambor, la metralla y después el chasquido.*

Se me ha asignado la feliz y complicada tarea de llevar a cabo una antología de la vasta obra de este poeta dominicano llamado Tomás Modesto Galán que abarca al menos 19 poemarios, algunos de los cuales permanecen parcialmente inéditos. Una aventura poética y humana que comenzó en 1983 y termina (de momento) en este año 2019, entre Nueva York y su media isla que es la República

Dominicana. Tomás Modesto Galán, escritor dominicano de la generación del 70. Reside en Nueva York desde el 1986. Ostenta el DEA, diploma de suficiencia investigativa, recibido al final de un proyecto de Doctorado en filología Hispánica de la UNED de Madrid. Hizo Maestría en Educación Superior en la Universidad Autónoma de Santo Domingo (UASD). Terminó otra en Educación, Lingüística y Literatura en el Centro de Estudios de la Educación y el Instituto Tecnológico de Santo Domingo (CEDE-INTEC).

En Nueva York trabaja en varios recintos de City University of New York (CUNY) y en Pace University. Actualmente enseña en York College. Fue coordinador cultural del Comisionado Dominicano de Cultura en USA (2004-2008), donde codirigió el taller literario Nosotros Contamos y las publicaciones del boletín cultural Puente. Es coordinador cultural y Comisionado de la Feria Literaria Latinoamericana Libro Abierto, programa del Bronx Hispanic Festival.

Fue miembro del Movimiento Cultural Universitario (UASD, R.D.) y del equipo de escritores del Bronx Council on the Arts (NY). Sus primeros escritos aparecieron publicados en los suplementos literarios de los periódicos: *La Noticia, Hoy* y en *Artes y Letras* (Rep. Dom.).

En cuanto a los poemas seleccionados para esta *antología esencial* o representativa de la poética de Tomás Modesto Galán, he de indicar, en primer lugar, que nuestro poeta domina muchos registros formales (verso libre, poema en prosa, prosa poética, intertextualidad, etc.) y expresivos como el mestizaje entre la poesía culta y el habla popular dominicana. Muestra de esto es la aparición de términos de la lengua inglesa, no como un hecho intelectual, sino porque Tomás lleva conviviendo más de tres décadas con dicha lengua debido a sus circunstancias laborales arriba expresadas. La poesía de Tomás Modesto es una encrucijada de mestizajes, pues al de su memoria de antillano insular se superponen otras memorias de su país de residencia.

La poesía de Galán es eminentemente urbana, una poesía en crisis para unos tiempos en crisis. Además es una poesía insular que parte del extrañamiento lorquiano ante la gran urbe que es Nueva York. Su poesía va del más profundo lirismo a la crítica social en defensa de los valores humanos y el más crudo sarcasmo ante aquellos valores no ya en decadencia, sino que nunca existieron, como el tan aireado sueño americano o el victimismo característico de la República Dominicana, sobre todo en lo referente a la vida cultural oficialista. No hay fronteras para Tomás Modesto Galán ni físicas ni expresivas, ni siquiera en cuanto a los géneros literarios. Siempre más allá de los límites. Ni siquiera asume las fronteras de los clichés, su digamos registro social, por ejemplo está plagado de imágenes que entroncan más bien el surrealismo y el expresionismo alemán que con los estereotipos típicos del género.

En el presente volumen se recogen poemas de los libros *Cenizas al viento, Diario de caverna, Cuaderno de inmigrantes I y II, El perfume de Bowling Green, Odisea del tiempo, El arca inmóvil, Poemas del primer día, Poemas revueltos, Amor en bicicleta y otros poemas, El reino de las cosas, Canto a la ciudad que nos habita, Alkaseltzer, Evangelio desechable, Cementerio Sonámbulo, Daka Daka Daka, La isla infinita de los lollipops y El payaso perverso.* Todos estos poemarios fueron escritos en su mayoría en Nueva York y algunos en Santo Domingo.

Antonio Arroyo Silva
Gáldar, Canarias, España, 2019

El sombrío brillo de ser nadie

El título de esta *antología esencial* de Tomás Modesto Galán, *Góngora en motoconcho*, cumple el antiguo deber de intrigar y el más moderno de aportar información sin resultar obvio. Porque un poeta culterano, como fue don Luis de Góngora o ahora es Tomás Modesto Galán, que se desplace por el mundo actual en los hipertrofiados mototaxis de la República Dominicana, simboliza cuanto asoma en esta selección de la poesía escrita por el poeta dominicano desde 1983. En *Góngora en motoconcho* asistimos a una constante interacción de lo lírico y lo crítico, de lo literario y lo social, si es que pueden considerarse cosas distintas. La visión panóptica del hombre, en su laberíntico debate existencial, convive con la atención al detalle cotidiano, con una dolorida minucia, que atiende por igual a lo más escondido del individuo y a lo más sangrante del mundo. En «La hermosa nada», el único poema de *El reino de las cosas* recogido en la antología, observamos un bodegón de objetos y actos, una exposición de menudencias, que la voz resonante del poeta, hurgando en las cavidades de la materia, en las honduras de la conciencia a las que nos arroja el misterio de las cosas, eleva a la categoría de óleo metafísico, al mismo paradójico modo de las *Odas elementales*, de Neruda. En él, la fértil contemplación de las macetas y la sal, del limón y el arroz, nos lleva a conclusiones trascendentes: «Soy un nombre escrito en el vacío (...). / No me canso de ser tigre y hombre, mujer y pájaro. / (...) Soy un yo, un no sé qué, con el tú a cuestas...». En «En ningún cine», perteneciente a *Diario de caverna*, asistimos a una perturbadora reflexión ontológica tras una humilde sesión de cine: «Ocurre que al llegar / buscas al depositario de tus huesos / y te sientas desnudo en el abismo, entre una pierna que / silencia su llanto y un ojo que maldice la noche». Los poemas de *Subway. Vida subterránea y otras confesiones*, por su parte, son composiciones claustrofóbicas, como tiznadas de hollín, pero aun así carnales, y siempre poliédricas, multifacetadas, rebosantes de sucesos y sentimientos, no solo narrativas, sino indagadoras de los asuntos del ser, de la enjundia del hombre: el tiempo, el amor, la pérdida, la muerte. En ellos encontramos a viajeros a los que urge redescubrir la dulzura de la putrefacción, horas perdidas sobre los rieles del tiempo, errores que ruedan hacia el vacío, trenes en marcha hacia la nada, ojos de iguana en túneles sin esperanza y pubis crepusculares.

Coherentemente con este carácter bifronte o dicotómico, Tomás Modesto Galán mezcla registros, cronologías y espacios: en *Góngora en motoconcho* se funden lo que se percibe, lo que se recuerda, lo que se desea y a lo que se aspira. El poeta no tiene inconveniente en que Farabundo Martí, Pulgarcito y los marines compartan el poema –así sucede en «A Juan Chacón y a los otros», de *Cenizas del viento*–, y nosotros tampoco. El discurso salta sin pausa de un punto a otro, de la esfera al rectángulo, del malestar a la excitación, del pasado al presente y de este al futuro, pero trabando los elementos dispares en un flujo común, con frecuencia caudaloso y siempre aristado; dejan así de ser dispares y se hacen congruentes, sin perder su extrañeza. Los versos de Tomás Modesto Galán no se limitan a contar: apuntan, sugieren, esbozan, matizan; y abundan en realidades híbridas, mestizas, nuevas en suma, cuyas criaturas, siempre distantes y a menudo contradictorias, se fecundan mutuamente. Así acontece cuando el poeta habla, en «Necesito ese rostro de viudas», de *Diario de caverna*, de hombres que «legan su sonrisa a los teléfonos del mediodía» o de que uno «precisa ayunar delante de un / cadáver azul para divisar una caída de las estadísticas»: los mundos invocados –los negocios, las comunicaciones, el cuerpo, la muerte, el planeta– se imbrican hasta conformar un mundo nuevo, un mundo lacerante y placentero a la vez, que se erige en la página, como Polifemo se alzaba en las octavas reales de Góngora, y nos interpela desde ella. La ilación discursiva se fía a la concatenación analógica, a la arborescencia de los ecos, que se imprimen en el poema –y en nuestra sensibilidad– igual que los estímulos de la realidad en la retina. La incesante captación del mundo por parte del poeta, siempre atento a cuanto ocurre dentro y fuera de él, supone un incesante suministro de estímulos, que se transforman en palabras. El resultado es una poesía engarzada y espermática: un caleidoscopio de sensaciones. Las imágenes se suceden, se acumulan, florecen, exuberantes, en los versos y diseminan aroma y color. El poema resulta una mezcla de delirio y razonamiento, en la que destaca la fusión de elementos materiales e inmateriales. El lirismo, argamasa última de los poemas, los empapa y enardece.

El factor crítico constituye uno de los cimientos de la obra de Tomás Modesto Galán. La denuncia del tirano Trujillo y de la opresión inacabable de las dictaduras hispanoamericanas aflora desde el primer libro, *Cenizas del viento*. «Elegía a Ramón Galán» recuerda al hermano asesinado por Rafael Leónidas Trujillo. Y en «Carta de renuncia ficticia del comisionado dominicano de cultura en USA del año 2008», menciona al siniestro Johnny Abbes García, el jefe del Servicio de Inteligencia Militar de Trujillo –que se paseaba por el palacio de Gobierno leyendo una historia de la tortura, desde los antiguos chinos hasta los nazis contemporáneos, tanto por placer como por trabajo: para actualizar sus técnicas– y el ejecutor, por orden del Generalísimo, de las hermanas Mirabal, a las que Tomás

Modesto Galán trae asimismo a sus versos en «Dictaduras depredadoras». Pero el afán de justicia que acreditan los poemas de *Góngora en motoconche* no se limita al continente americano, sino que se extiende al mundo entero, atenazado por un capitalismo que siembra desigualdad y sufrimiento. Berta Cáceres, la ecologista hondureña asesinada por sicarios de una empresa energética; Edward Snowden y Julian Assange, los traidores perseguidos por la CIA; el payasesco y criminal Rodrigo Duterte, presidente de las Filipinas; los emigrantes del mundo, expulsados de todas partes y ahogados en cualquier mar; la trágica situación en Somalia y Palestina; las guerras en Siria, Yemen y Afganistán; el racismo, que se antoja inextirpable de la humanidad; los feminicidios; las dañinas sandeces de Donald Trump, y hasta la vergüenza del Valle de los Caídos en España, ya felizmente resuelta, entre muchos otros personajes y fenómenos, dibujan un extraño panorama de sarcasmo y dolor, una suerte de pandemonio medieval, renacido en la contemporaneidad, en el que los bufones bailan con los desheredados y los verdugos con los víctimas. Hasta el papa asoma el solideo, y no para bien, en «La gran marcha por nuestras vidas», de *El payaso perverso. Poemas para una imaginación antibélica*: «Este Papa argentino es demasiado progresista / para salvar la civilización / de la piedad del cristianismo», escribe el poeta. La preocupación cívica por lo que ocurre en el mundo recorre la antología entera y llega hasta nuestros días, en un intenso ejercicio de actualidad poética, con los últimos poemas de la selección dedicados a la crisis mundial provocada por el coronavirus.

La poesía de Tomás Modesto Galán atesora una gran fuerza verbal. Urgente y urbana, exaltada y melancólica, plástica y muscular, recurre con frecuencia al vocabulario del cuerpo, que la dota de una imperiosa materialidad. En «Desencanto del realismo», por ejemplo, encontramos corazones, pasos, miradas, cabellos desatados, pies, transfusiones, caricias, «besos sin pausas entre pulmones o clavículas comunes», manos, otra vez pies, y otra vez, «el cuerpo y sus ramificaciones», pechos «de flores rezagadas», manos furiosas, latidos, otro pulmón, otro corazón, más cabellos, uñas, el cuerpo ahora «cubierto de palabras ensordecidas», manos de nuevo, palmas de las manos y, en fin, cabezas: un despliegue de órganos y latidos que se entrelaza con puertos, mares, sueños, partidos de béisbol, películas de terror y estatuas de bronce. Eros está muy presente en *Góngora en motoconcho*: «Tus labios», de *Amor en bicicleta y otros poemas*, practica una metonimia quemante, y concluye así: «Siento tus dientes royendo un pan envejecido, / abriéndose para engullir un mangle, / absorben el esqueleto de un paraguas, / reclaman el principio de esta orgía». Pero el amor invocado por Tomás Modesto Galán no es meramente físico, siéndolo mucho. La figura de la mujer emerge en los poemas como arquetipo del bien. Las mujeres cuidan el mundo y dejan un legado bienaventurado. La dicción exuberante de *Góngora en motoconcho* se asienta en el verso libre para desplegarse sin restricciones. El poema generalmente largo permite un discurrir dilatado, una construcción ramificante, que se alimenta a sí misma con la incesante eclosión de lo que se ve, se rememora o se ansía. La pluralidad formal –que va del verso corto al versículo y el poema en prosa– obedece a la busca de la mejor expresión, del más preciso andamiaje elocutivo. La adjetivación es osada, como todo en esta poesía, pero es el adjetivo el que da siempre la medida de la ambición creadora del autor: «cuernos petulantes», «mantequillas sangrantes», «tizas monótonas», «feliz atrocidad», «genocidio perfumado», «tormentoso clítoris». Tomás Modesto Galán es pródigo, a lo largo de *Góngora en motoconcho*, en imágenes potentes, de acentos expresionistas. En «Si galoparan uñas sobre el lomo sangrante», de *Canto a la ciudad que nos habita*, vemos una urbe que «aúlla como una cucaracha bilingüe» y luego «lanza lodos para ahuyentar ratas aladas». El ímpetu creacionista, que continúa las tradiciones emparentadas de Lautréamont y Whitman –a quien cita, así como a su brillante discípulo dominicano, Pedro Mir– y roza en ocasiones lo dadá, inviste de tensión la poesía de Tomás Modesto Galán, que no duda en acogerse a la tradición bíblica, como hace en los poemas de *Evangelio desechable*, y, al mismo tiempo, alumbrar poemas fónicos, como «Daka Daka Daka», de *Daka Daka Daka. Dreamers y el tren de los muertos*. Las paradojas chisporrotean en *Góngora en motoconcho*, fruto del desgarro, pero también del deseo de concordia, y no solo las paradojas conceptuales –«suspiro torrencial», «lluvia inmóvil»–, sino también las perceptivas: sinestesias como «a tus pantalones sordos / la ceguera de mis dedos». Este vigor admirable, esta palabra que cruje y medita, llega hasta los más recientes poemas, aunque, en el último tramo de la producción de Tomás Modesto Galán, adelgacen un poco, se ciñan más, se peguen a los huesos: a los transparentes y polícromos huesos de la verdadera poesía.

Eduardo Moga

*"Lo que es mío
es un hombre solo encarcelado
de blanco
es un hombre solo que desafía los gritos
blancos de la muerte blanca
(Toussaint, Toussaint
Louverture)
es un hombre que fascina al gavilán blanco
de la muerte blanca
es un hombre solo en el mar infecundo
de arena blanca
es un mulato viejo levantado contra
las aguas del cielo
La muerte describe un círculo brillante
encima de ese hombre
la muerte siembra estrellas lentamente encima de su cabeza..."*

*Aimé Cesaire
"Cuaderno de retorno al país natal"
pág. 57*

Al llegar a este punto, es preciso que le dé las gracias a mi madre, Pascuala de los Santos. Ella fue todo y hasta lo imposible. Partió el 24 de abril del 2018. No olvido a mi progenitor, ni a la larga familia de mi isla, partida en dos pedazos tristes, ni a la que me alentó desde el Bronx, otra isla negra, por su paciencia y estímulo. Ellos pagaron el precio más alto.

Expreso mi gratitud a todos mis ex alumnos, colegas, poetas, a mis maestros desaparecidos en todos los niveles, por la cuota que aportaron. A los pilares de la cultura descolonizadora por haberme dado la fuerza necesaria para llevar a cabo esta marcha hacia el fortalecimiento de una mejor definición identitaria.

Gracias a todos ustedes, desde mi fértil anonimato. Simplemente soy el proyecto de un hombre nuevo. Todavía tengo esperanzas de representar lo mejor de mi generación.

Góngora en motoconcho

Antología esencial, 1983-2021

CENIZAS DEL VIENTO
(Santo Domingo, RD, 1983)

Noticias

en Washington Marx ha almorzado con Reagan
Wall Street suda un marxismo saludable
en las piernas de Jacqueline nace un infierno
la sotana cruje se desbrocha
América tiene oído sexo ternura hijos
dice sus malas palabras cualquier día
de la siesta comiendo su guarapo
se echa a dormir con las sirenas.

Náufragos esperando en el tejado

emboscadas en sí mismas abandonadas en su revelación
las manos no tenían término
la lluvia produjo más sombra más labio
definitivamente el tiempo se insurreccionó en las
cavidades de la locura no había más cabellos
un desbocamiento deshacía el lápiz labial
cuando las puertas se cerraban volvía el grito estancado
un pez una melodía disuelta
antes de morir salimos bajo la lluvia de nuevo
más sombra
estábamos llenos de agua no había nadie
cerca del tejado en los confines del viento
un vapor convertido una lluvia cayendo sobre un
náufrago.

En la celda número uno

sandalias sin ojos
algunos libros
sangrantes noes
barbas sin sotanas
canciones de cuna
refranes
trompos solitarios
tajados árboles
ecología de recuerdos
sindicatos imaginarios
inicio de la paleontología
una cita
firman los fetos.

Mañana para poeta

a propósito hoy hace frío / descomponer las cosas
sería incomprensible para mis polillas / para mi polvo
tengo la lluvia esperando que octubre cierre
sus consonantes / gruña con toda su sed de flores
amarillas en el descenso de la escalinata / terminé de
escribir su memoria al miedo de los aseguradores de
vida.

Contrapunto de un cuento salvadoreño

había una vez un lobo que se dejaba asustar
por su sombra / una escoba lo hacía sudar
repegado a los muros
valles enloquecidos publicaban sus notas de
prensa
duendes descalzos participaban en las agendas
una familia de pájaros se levantaba verde
el abuelo volcán / el tío sol / espumas de celentéreos
invertido el minuto / los segundos sangran
las horas se devuelven
el lago hace sonar sus campanas
el mes se llena de coroneles / paredones / reclusos
las lilas lían su mochila en sus ruecas
el camino toma su rueda / insectos de llama
presentan las credenciales del odio
el verano pasa entre arado y corazón
en los labios del lobo caen hojas de sangre.

Parábola

Corto de días, el hombre piedra del hombre
estudia geometría
se encuclilla en las manos de Dios
se yergue entre los vivos
harto de luz el hombre parpadea sin voz
se torna horizontal sobre el cuerpo de Eva.

Niño frente al cristal

el niño golpea el cristal se rinde ante la textura
transparente huye de su rostro bajo un marco de sombra
entre página y polvo ingresan los hábitos despojados
la lluvia pace en las afueras copia su ternura
en el lado sur de las puertas vislumbrados pasos
de aire escurrido caen con su metálico rumor
el niño produce una asfixia por inmersión entre los
cojines dispersos el último almohadón se resiste
al ataque de pinza finalmente el niño se vierte
en el ojo de su madre que ya es viento.

Náufragos

nada puede oxidar la dentadura del náufrago
un viraje para en la ausencia
        un cielo cae entero en las gravas del mar
en las planicies de la pureza
        el ahogado
ya no se oye a tientas recibe su marea
como una obligación empuña el rostro borroso
de una multitud de ahogados a los que les han crecido
lamas de apacible aquella soledad
avanza tras la penumbra
rumor nadie sabe quién vuela a esta hora absoluta
el náufrago nunca está solo ladra un perro en el
fondo de los quicios a muchos el mar les pidió
los papeles algunos aparecieron en la orilla de la isla
solo se admiten turistas buzos indocumentados y
náufragos.

Enmiendo tus cabellos

en este borroso mes /
tu cuello /
salvaje en mi boca / frontera
de liquen / cerezo ahogado entre dos ríos
escribiendo preguntas / pensando en la comida
de los pájaros

Nicaragua

Entre el azadón y el fusil.
Entre aves que hacen a Nicaragua
más nica más agua
entre oscuras manos deportadas
canta el pijul
se oye el canto de las palmeras en otro lugar
y el cielo es una mancha azul.
Del aire nos llega un olor a ceibos
ya pasamos el bello canto de las flores
mi guitarra llega hasta el chipote general.
¡Cuánto daría por seguir tus huellas hasta Pedrón
asaltar una mina
pasar la noche en Telpaneca!
Mi general, descanse
el pijul ha empezado a cantar
su voz plural rezuma auroras
Coyol y Quetzal en las ramas
yo detrás, general con mi guitarra al hombro
con las últimas palmeras bajo el retumbante grito de los tigres.
Te seguí, general en cada regreso a Nicaragua
desde los escombros de Estelí
al dolor de León hasta Masaya.
Es la decidida consagración del miedo.
      Allí
      Palenques
      Lagunas
      Bahías
      Minas
      Bananos

Cafetales
Maizales
　　　　¡solo para Nicaragua!
¡Abajo el gánster, co...ño!
sus bestiales pisadas
fueron hechas en New York.
Él prometió a los americanos *somocizar*
el territorio nacional
manchando las piedras de sangre
pregonando el nuevo código
en un dialecto aprendido en los salones
　　DE WASHINGTON
(ES PORQUE EMPEZAMOS A SER HUMANOS)
Y Sandino está en Chinandega en el preciso momento
en que Managua arde.
León es un maná de sangre
donde el cenzontle vuela
por encima de los cadáveres más puros.
El *gánster* tiembla, orina y algo más...
Sus ojos sueltan un brillo de murciélago
el miedo estruja su solapa.
Ya en los cerros los niños son libres.

Los pájaros son más sandinistas que nunca.

A Juan Chacón y a los otros

oculto en las escalinatas
levantaré el vigor de mis raíces
no valdrá la pena el azul
en el pañuelo de tus marines
el entorchado de tus generalitos ni
todas tus naves
esas mentiras envueltas
        en las cáscaras del banano
el dolor de tus dólares
colea contra ti el polvo de los Farabundos

vuelto está el venado
las sangrantes orquídeas
los misericordiosos merodean la tierra
haciendo cantar su Pulgarcito
        debajo de los agujeros
la dura sombra demorando la tarde y otros sueños
pero Pulgarcito salió a cantar a la boca del río
el lobo se escondió en una hoguera
teníamos los rosales quemados
el solitario grito de los niños
las enredaderas paradas frente a nuestras tumbas
Pulgarcito cantó
el duelo de las peñas los acantilados
la triste pesadumbre de las bahías
la muerte de los búhos
        con la primera estrella.

Elegía a Ramón Galán
(Uno de los últimos crímenes de la tiranía de Trujillo)

Mi madre y yo creíamos en la esperanza
mi hermano desapareció una tarde
llovía sobre las quinielas
mi padre amasaba mezcla en las fábricas
pensaba que podríamos sobrevivir.

De tarde en tarde veía a mi hermano tocar nuestras
puertas, bailar un *rock*
perderse entre autos dirigidos por policías
secretos y crueles,
buscamos entre los ramones su tez negra
su moña entre los bailadores nocturnos
el otoño de su mirada en los diarios,
sin embargo, él podía salir de un prolongado sueño
bailando aquel *rock* de los '60.

20 años, y puede parece mentira esta costumbre nuestra
de preservar lo más hermosos de ti, el olor a cemento,
la grave sencillez de los que no saben sufrir,
las mañanas eran para construir la casa de los dones
verdad que no teníamos fuerza:

Las perdimos pensando en el sabor de
flores extrañas caídas sobre los cimientos
de la residencias.

II

¿Qué podíamos hacer?
¿A dónde ir asolados por encontrarte?
Mucho hay que hacer, andar y ver en estos días,
en que salir por
las calles a decir las cosas luminosas pesa en los omóplatos
como una cruz de hierro.

Algunas veces se pierden ciertos hábitos
el rostro pierde sueño en las calles,
¿Quién me iba a decir que era necesario un complemento
para pensar
hoy que las palabras me salen de golpe y esta lágrima
oculta
tiene 20 años?
Quién despojará la cercanía:

Me atormenta pensar en tu último grito. No estuvimos
ahí para convencer al homicida de la inutilidad de tu muerte,
una risa no se destroza así, una vida indestructible,
no tenías que dejar allí tu cuerpo, permanencía fresca,
/sudorosa
terminando tu último *rock*

III

El polvo de esta foto se cuela entre mis dedos
y lo único extraño es que no contestas a mis preguntas,
tú que leías los periódicos del catorce, verás qué serio y
decente estás. Ni apareces poniéndote la camisa recién comprada.
Ni leerás las cartas escritas con tu última dirección. Amén.

DIARIO DE CAVERNA
(Nueva York, 1986-1988)

El cuerpo que se arquea a esta hora

El cuerpo que se arquea a esta hora
no converge en la niña desperezada sobre la alfombra
no resume sus lirios sobre la claridad de la tarde.
El pie, libre de su nacimiento, apura una ausencia de hojas,
una corrida separación de sombras,
tal vez el contenido que desfallece en los lienzos recomenzados
por la proximidad de un borde menudo, olvidado.
El cuerpo conducido a su llanto más el reflejo sigiloso
de su sombra,
a la urbe lineal de una espalda buscando su caída
en el momento de las confesiones.
Sus desnudas piernas sobre el espasmo de los figurines
terminan en el fuego de dos lanzas trizadas
su pecho descalzado no perdura en la escarcha
o en la viudez del pantalón vacío.

El viernes a esta hora todos pasamos a la silla remota
o allí descansamos el ansia de un tobillo aprisionado
por la eternidad esperada en tu cuerpo,
abismo reprimido en las telas del mediodía
esperanza visiblemente dejada.
Su pelo seduce la privacidad de un verano imprevisto
la mano jamás cierra sus dedos
es el aburrimiento sexual de una pestaña abierta en
/el instante
en que la mesa consume una segunda piel
una planicie ultimada por el deseo obtuso de la llegada.
Nace el pecho reseñado por el vacío
tras la sinonimia de un seno,

el timbre, la vorágine de una segunda pierna,
el florecimiento tardío,
la cabeza que de momento resulta pegajosa
como una puerta condenada.
Así va el tren que nos lanza sus latas, sus cigarros.
Adoro esos tiestos, el gesto inservible con que viajas
/a mi lado
como un diamante sobre el dedo del esqueleto.
Pero el encono puede surgir humedecido por su noche,
totalmente fluvial, paralelo a la mano que desata mis piernas
el ojo que discurre el inútil cuerpo con sus vanos mensajes.

III
Necesito ese rostro de viudas

Necesito ese rostro de viudas entrando en los corredores
enmudecidos de la tarde, cojeando de un dolor ajeno,
/legando
su sonrisa a los teléfonos del mediodía.
Añoro ese rostro puro con que la viuda llora a su perro.
Lo envidio y hasta le reclamo una orquídea. La viuda llora
y el dolor nunca nace del pañuelo. A menudo su dolor
reclama su seno, sus cabellos, su sobria retirada. Añoro esa
melancolía con que el dolor se hace adulto
y puro delante de un intachable perfil.
Necesito ese pelo, esas manos extravagantes, que
/todos miran
antes que el cadáver, uno precisa ayunar delante de un
cadáver azul para divisar una caída de estadísticas,
una simulación de pelo envuelto sobre un arrecife quieto
sobre los alcoholes de la sala.

Desconchar imanes

Desconchar imanes o jugar a la imantación de las uvas
al juego condenado de las frutas que cantan en tu cuerpo
cuyos imanes reproducen una visión de signos
detrás de los cuales yace el imán que compacta las manos
y la niña trae flores, fotografías plenas de una
indeleble imantación de uñas de cabellos solos
como si la imprevista felicidad pudiera mover objetos
hasta hacernos olvidar la vejez de las puertas
o las mesas que recuerdan las campanas, aquella mesa
                                                  /reducida a seis
cuando el balance de las manos o la pérdida del equilibrio
hace crisis
antes de apresurarnos a poner letras sobre la superficie
fría de una mano.
Sin ningún ojo que imante la nostalgia
o las uñas viudas de soledad,
la niña lanza imanes al vacío y pesca uvas negras
el tono verde que los imanes apresados asumen
en las manos de ella o la inquietud violácea
incesante descubrimiento azul o el amarillo imantado
de dos cuerpos que segregan sus imanes.
Atravesando la estancia la niña lleva los imanes al cofre
y allí experimenta una gravedad de imanes libres
a veces los cuerpos caen juntos y el choque con la alfombra
crea una chispa de frutas sobre el muro
que ningún pecho puede contener.

La casa prueba

La casa prueba su placer escribiendo en los ojos de los
testigos, el pino tembloroso cruje en las manos de quien
corta mis mangas, de quien conduce mis piernas mi estatura
al tejido sigiloso, placer que jamás copula con el pantalón
no soy quien visita el ínfimo suplicio,
no eres la blanca boca final de la escalera
los intocados pasos caídos en el inquieto paroxismo de la
pintura, no eres la que vende tu ventana por la mirada
/más indiferente,
a gritos, abre tu cuerpo innumerable al contagio del humo,
a la pasión de un incendio en las vértebras.

Desde el inmundo ático hemos viajado por un cúbito de
claridad, iluminando las calcomanías, el radio nevado,
el televisor de corpiño cae impropio en la sien del dormido
pensar puede ser un sombrío hábito de mujer,
abandonar una botella de orines entre las medicinas.
Hay miradas-ojos sin ninguna posibilidad de iris,
una insepulta observación de cosas presumiblemente
observadas, el dorso oculta la geometría nominada,
la mano complaciente de un órgano,
el ático almacena instrumentos de viento
el humo toca su melodía, el manto, el sollozo, el espasmo
recurren a raros instrumentos, las cuerdas,
el desamor destocan, componen una endecha,
cuando va a nacer un ala al borde una mano.
De él han huido los coléricos,
los venerables se humanizan con la tinta,
con el borrador de nadie,
los cubiertos atesoran una boca apenas besada,

un dolor casi humano
si lo mirase un intruso advertiría flores en un ámbito de cartas cerradas.

El caos perdurable

El tercer color de la escalera
reside en lo perdurable del caos
que se inicia verde y acaba enrojeciendo
el descenso del extranjero
que no recuerda nada igual a la escalera
que no opta por recordarse a sí misma
como el destino en los pasos del exiliado.

Afuera el viento rasga sombras de antiguas compañías
o conduce los últimos gritos del día.
Serán mis ojos la repetición de esa puerta
o del viento que anticipa el ave frenética de mis manos.

Muy cerca de un cielo de antenas, los extranjeros
miran las próximas puertas, el escudo de enfrente
las penúltimas cornisas, los nuevos pájaros
que una bella mujer lanza al viento.

El extranjero que domina perfectamente el tiempo
y que ha vencido el sueño en el recuerdo irreversible
de algún vaso
apenas puede notar el empeño en la reposición
de las frutas
y no ve el próximo descenso
o la futura apertura en los sobres.
Los nuevos ocupantes salen antes que
las acariciadas palabras del espejo.

VII
En ningún cine

Por desgracia en ningún cine se está solo
a la salida encuentras
las huellas de un cabello
y ningún cuerpo perdura.
Suponemos que al salir apresurados, descuidamos el miedo,
la pasión, el cigarro, las llaves, la corbata.
Ocurre que al llegar
buscas el depositario de tus huesos
y te sientas desnudo en el abismo, entre una pierna que
silencia su llanto y un ojo que maldice la noche.

CUADERNOS DE INMIGRANTES I
(Nueva York, 1992)

Desencanto del realismo

Amor perdido,
sueño inconcluso de palomas extraviadas,
en el confinamiento de las sombras
tu regreso evoca un hervor de lluvia.
Dulce corazón impensable en las palmeras.

Pasos en los fuertes,
tendría sentido designar espacios
por donde la mirada concibe claridades,
vanas frescuras
que seguramente compartimos.
Oh, cosas prometidas a un después,
adiós irrevocable.

Duermo convencido por borrosas razones,
disueltas entre tus cabellos desatados,
negrísimos.

Presentimiento de mares solitarios,
civilizaciones perdidas
en los mares crepusculares del hoy o del ayer.
Oh, playas milenarias del sueño,
puntos suspensivos
antecedidos por pasos infames de un tigre
en el ardor del mediodía.

Sueño, planicie de un dolor equívoco, mutuo despertar,
descartadas disculpas en los parques de un primer día,
hablar una y otra vez hasta cansarnos de los pies,
transfusión, ejercicio de querer ser libres

en el deseo de alcanzar la caminata sin rumbo,
viviendo entre caricias postergadas,
besos sin pausas entre pulmones o clavículas comunes,
siameses detenidos en un otoño insistente.
Oh, placeres demorados por la lluvia,
indefinido camino de espinas y rosas,
un mar de rosas y espinas,
buscarte entre el oleaje y el cielo humedecido por el sueño.

Te he dado mis manos, pies míos, y ese mapa
que nuestros pies modifican
y por alguna sinrazón escribo erróneas confesiones
o certezas que ni un jamás puede escrutar,
y aquel discurso de salitre impotente,
pimienta de la secreta utopía del tiempo,
deja de perseguir dulzura.

Oh, rosas de diluvio destronado,
fuera del poema el cuerpo y sus ramificaciones.
Oh, pecho de flores rezagadas
descubiertas en la pasión de un perfume.

Tu realismo me ha hecho dormir como un dios,
 ininteligible, vaya forma de ensayar respuestas
vanamente corregidas por el intelecto,
eso nada tiene que ver con el amor.

Discurso de escapes, territorio torpe, furiosas
manos que te reclaman, sensación de que hace horas latías
de este lado, ni siquiera el pulmón invisible
inaugura una huida hacia el infierno citadino
que perdura en la hierba.
Realismo incomprensible, corazón desconfiado.

Oh, cabellos recortándose en mis uñas,
propensión al olvido,
cuerpo cubierto de palabras ensordecidas,
rutas movedizas y promesas vencidas,
viajes donde jamás urgen palmeras,
puerto desconfiado y dichoso,
nuestras cartas se tiran a mares desvelados
donde nos miramos sin saber
hasta desaparecer en los coros infantiles del ansia.
Sueño a dos manos,
un *strike* que nos quema las palmas,
bola inatrapable en los desvíos siniestros,
ser en cuya calle dormimos hasta recordar
                              /estatuas miserables
ensombrecen días tercos y breves primaveras.

Oh, puentes de juguetes tendidos sobre nuestras cabezas,
jugábamos al amor desde murallas desaparecidas
en los mármoles del viento.
Nuestro el ruido y un olor ambarino,
aquel temor a mirarnos
en el curso monótono de un navío real.

Broadway iniciado desde cero centígrados
y esa estatua de bronce
donde no nos mirábamos
como si una película de terror estuviera rodándose
bajo la sombra de Fulton, piedras premonitorias
que nos hacían viajar por regiones diseñadas por el humo.
Y ese olor de no irse, errando de una especulación
a esa ventana disparada por el bullicio ensayado
del verano que acecha.

Seaport

El río que miraban los otros, vano lecho de muertos
naciendo de la necesidad de un rostro / pura melancolía
imaginación de Dios a esa hora de las bases llenas / hora
del cero y un error anotado / vano espejismo que nadie
posee sin renunciar a todo / hemos llegado tarde, Heráclito
/ al Ozama de dudas, cruces y conquistas, al Hudson de una
caricia impostergable.

A mitad de ese río antiguo encontré el principio del poema
la última palabra sobre el desierto del tiempo.
Al comienzo del sueño ese río escondido / naciendo de las
costas rupestres, del lastre de los muertos y los niños.
Ese secreto que moja severamente cualquier geometría,
verso airoso que traen las preguntas sin sospecha/
la parte inapropiada / notas demasiado evidentes,
supresiones de un cuerpo en lo oscuro / oscuridad que
termina en olor a pescado / conflicto de entrada / casa del
poema/
tus manos ya sudadas de pensar en la muerte /
a esa hora en punto donde nada se descubre / tú que
duermes /
yo que escribo para matar aburrimientos,
a ese puerto llegamos para irnos / de él zarpamos con las
manos sudadas
y esa dirección a donde nos dirigimos no existe / río que
habla en lenguas que se juntan en un ojo /
espacio de sospecha/ río de ojos, cabellos,
pecho dentro/ fluir desorientado / desenfreno /
sin utensilios de cocina/ desembarco de ilusiones / te llevas
la nada/

tus ojos, meditación de agua turbia/ insistencia silábica.

Como un bostezo a la deriva/ el hábito de mirarte /
desde lo no escrito / sueño/ luna donde el perdido cuenta sus pasos.
Cuaderno borrado / extranjero donde los idiomas se confunden /
labios que atormentan un pez / crudas dentelladas/ frontera dichosa.

Ese blanco y negro en la esquina remota / donde los barcos perecen,
al final de esta idea absurda de no querer irme /
cuerpo hablado / habladurías de un adiós, aún no he terminado
a la respiración insostenible / agua que te vive.

La tarde y sus leones sueltos / escasa puntualidad /
este sueño al momento umbroso de las transferencias.
Ese río siempre será el tiempo de la dicha y el olvido.

Café en la 149

Nadie escribe el poema / el texto simplemente carece de osadía / el mismo no se va a alegrar de su rabia /
 irresponsable presentación / en este los personajes juegan a testigos de un crimen inconfesable / rufianes / locos que analizan seriamente la vida / fantasmas que se esconden en un libro de mentiras y sospechas/ más aún los pocos suicidas se maldicen por no haber cruzado la 149 / otros releen sus notas mortuorias con pasión/
todos carecen de biografía heroicas / nadie intenta leer esta página sin caer en una sola de sus maldiciones / su aura es ese hombre que lee voltios consumidos / su verdad, el diario con las últimas muertes /
nadie hablará de él / ningún pronombre pondrá en evidencia el genocidio del ritmo / simplemente ese de que adolece, realidad llena de carencias / imágenes innecesarias en concordancia
con esa jovencita que cree sinceramente en ser yoga
o releer un poema de Lautréamont / ahora se me ocurre un deseo, hacer justicia, derretir idioteces sobre el símbolo más celebrado del imperio / escupir hasta que se me salga el estómago sobre los muros del prestigio / tarjetas de presentación / retórica premiada por la ignorancia / esta línea corresponde a un final presumido nadie asume riesgo / he pagado por el frío de los últimos 6 años con bagatelas / los veranos han sido un fracaso / al coño con sus sonrisitas / esta página es la lápida de las suegras perversas /
de las vírgenes que en la masturbación llaman a Dios para que les lea el poema del mal / el comercio divino.

Oh, poetas,
ellos al cencerro / su compromiso es una declaración vanidosa/
no habrá excusas / nadie corregirá galeras de este poema reprochable /
su autor ha puesto una orden contra los prestamistas
y los mestizos tomados por sorpresa por los alucinógenos de sus cavilaciones/
la llamada de su autor anónimo concluye el acta por falta de quórum a una hora precisa de un día que jamás estuvo en el calendario.

Mount Hope

Nunca sabré si el tiempo que pasé en *Mount Hope*
estuve más cerca del infierno.
El cielo, ese otro lado del mar/ purgatorio concebido adrede/
vano sol al comienzo o al final de las palabras solamente
pensadas.

Tiempo de no saber si estás / si puntualizamos la definitiva
condición de vivir.
Al principio de esta palabra no pensada aún,
Mount Hope fue solamente el infierno donde nos peleamos /
cinturón roído en la tercera escalera donde nada a no ser tú
tiende su lloviznada forma.

Nunca sabré si existí entre dos versos del poema ilegible /
dentro de esa infinita contradicción que hay entre dos
canciones
ruidosas y felices.
Masturbación de espíritu donde el sábado es exactamente
igual a un domingo remoto.
En ese adiós calcado en el muro de las lamentaciones / esa
mano
copiada hasta la exaltación.
Como una mejilla no besada, *Mount Hope* es solo una caja de
música para algunos locos del exilio.
Aquellos que espían la lectura de las lágrimas / una caja
de sorpresa tirada al mar por un error de Dios.

Al final estas sílabas demasiado pensadas crearán -como
todas las estupideces dichas o insinuadas -lógica rechazable-
la desconfianza del infinito ser que nos deshabita y se

pensará de un diente a otro, tirarlo a esa rata que lee mis poemas en un corredor.
Si me despido, habré falsificado el final del poema o su ausencia.

Góngora en motoconche

CUADERNOS DE INMIGRANTES II
(Alguna Calle del Bronx, Nueva York, 1993)

Notoriedad del cuerpo

Toda notoriedad un acto de perversión, tus manos se
pervierten en mi cuerpo, la desnudez sin límite se aproxima
demasiado a la luz y a veces ciega el párpado.

Fugados en el poema, tú y yo, al encuentro con el cuerpo
de la imagen que se aleja, vive de partículas,
mudas fragmentaciones. Remota perversión mirarnos,
tu inefable presencia reconcilia la perdición del tiempo.

El heroísmo de aparecer caduca de improviso
y va dejando piedras, cementerios y
compromisos siempre fatuos.

La notoriedad de tu cabello me abruma,
llena la ciudad de sinrazones, confieso que
pierdo la ansiedad en el tobillo, me ensordecen los
discursos vacíos, esa demostración de promesas,
me arruina ese ritmo ausente y ese afán
de nombrarnos,
vacuidad de buscar en la sombra.

Un amor realista
promueve falsedades que nada tienen que ver con el
placer. Voy tras lo que dejas, reconstruyo el
trayecto, ruina de ciudad maldecida, refugio de
tiranos. Al mostrarte se borra la imagen y nace otra
perversión.

Tus caricias salvaron un desastre, en
su falsedad nacía un monstruo, germinaban las flores de

una comedia, un profundo retorno traducía sus
atormentadas colmenas en incendios.

En toda perversión hay un ombligo
escondido, una palabra invertida, una huida que
recicla dudas, malversación de errores.

Dar con las repeticiones o con una muerte repentina,
fugaz como dejarse desnudar o morir sin saber
que se nace en otra parte, amo esa muerte porque
pervierte el sueño. En esta nada pesa, ni siquiera los
senos, los órganos comienzan a vivir su propia simulación,
su infinito retorno, pierden su terrible anatomía
y pervierten el tiempo.

Jardines de abril, murales

Abril planta flores sobre nuestro dolor y algunas veces los
jardines pierden público, porque el día florece sobre la
muerte, esos labios que de repente aspiramos florecen
sobre el vapor de un metal.

Admitido, cada día una flor invade el pensamiento,
el olvido germina en las paredes
donde los hombres han plantado un rostro,
noción de que hablamos desde los muros con un desconocido
que se detiene sobre afirmaciones nada perdurables.

Pared, flor de soledad donde abandonamos
pensamientos; siempre eterna y borrosa, aguardo el día de
su caída, que se quiebre en nuestras manos.

Jardines de la avenida

Voy a ver flores a Grand Concourse
y me he quedado con las primerizas,
dejo que mis pies desciendan sobre el abismo
de una felicidad suicida, y sospecho que sobre mi cabeza
hay estrellas, abril desencadena árboles de dicha donde
no moriremos, allí dejaremos nuestras huellas atadas a la
codicia de estos vaqueros de entrada, sin ninguna
brújula, tribus de la última molienda.

Zarparemos por piezas de ajedrez,
mercaderías que renacen sobre el vacío, el cuerpo
estalla llenando el universo de nuestros andrajos,
seguro de que alguna tierra
será el huerto de nuestro sueño o la
sordidez de un amor que siempre va a florecer
sobre una música indiferente, o germinará
en el humo de una victoria falsa.

Cuerpo recostado

Desnuda sobre el filo del tiempo, echada sobre el
vacío, resuelta, confusa en entregar un pensamiento que
cierra los labios, cede, pierde base, sobre las manos de él
que se relativizan en la espera,
ella se ablanda, cierra los párpados,
secada, desconcertante, entendida,
se sortea suavemente sobre un tiempo renunciable,
deja el seno izquierdo sobre el filo de la página y se abre,
él la cierra oponiéndose hasta el infinito, su cuerpo
/se acierta,
él se enfada, lo muerde, devuelve un ojo, la última
ceguera, ella se enturbia y él se esfuma, desalienta con
amargura su quilla, moribunda, hambrienta, él la salva,
la hace regresar, le infunde ese líquido secreto
que la hace vivir,
se cala dentro de él, irrumpe dando hachazos, gritos,
desatando cadenas, sus besos, le transmiten un estaño,
expuesta como un cuerpo devorado por el mar.

Una mujer cuida el mundo

La señora me saca a ver el sol en este día particular, la
dama me hace caminar en una dirección preestablecida,
sistema nervioso crujiendo detrás de mis ojeras,
la he visto sucederse
otra vez alfombrando paraísos, lunísima,
soleándome el lunes,
y el séptimo día, revés y hoja borrosa,
cuidándose como una cenicienta
que le hace falta andar, sin que se le pudran madres,
fumando se le empapa una ubre de desenredo,
que se rasgue el martes si ella no me saca como una chula
no ha visto el día completo,
la lumbre de darse a caminar celosa
y yo la pesqué mirando el sol de frente,
mientras yo la presiento parpadear en mis sienes, a la orilla,
donde se me hace que está rebuenísimo y
acepto me empape libremente y
me dé fuera del comienzo del verano,
en esa extremidad antojadiza,
ella me saca para inventar una historia, o una orgía,
la claridad siempre reconcilia un cadáver
con ese lado pera del día,
libertad de uvas frescas,
para ese malestar se me antoja legumbre,
demasiado vestida para hablar
de frutas o vegetales frescos, lumpísima la tarde, reversa,
frenos frente a cualquier muro, un hombre se llena de rejas,
ascensores inmundos y graffiti, después peluquerías,
luego regresamos a oscuras, cuando el día joven
perece en las bocinas o en el brillo metálico de la luz.

Legado femenino

Cuando se va detrás de una mujer se hereda su ausencia,
ojos irritados, lágrimas de otros,
posposición de lluvia, abrazos,
se gana una muerte repentina, brevísima,
un desdén por el suplicio.

Cuando la sorpresa desprende sus contradicciones,
el ocio de un paraguas, su mirada perdida,
vanas úlceras.
A veces el amor te invita a rodar,
rodar en el delicioso hueco de sus manos,
cuando deja de ser mapa,
ciudad o desierto
entre dos frentes,
vuelo inteligente, migración de pájaros y
pulsos de un suicida que muere
dentro de una felicidad inconfesable.
Amores que se agotan, cuerpo travieso, cuerda,
destino con el mar, sueño y esa esquina
con huellas de ciertas miradas,
duelo con el día se da en ese ángulo acometido
por un pensamiento, círculo donde cada paso acentúa una
puntuación, escritura solitaria de Dios, desconocidos
que revelan su última verdad.

Cuerda, fuente donde hay un olor a pescado,
humedad de ese pez que salta sobre el corazón
de una mujer indiferente,
cuya búsqueda concluye en las cafeterías,
al besarla hemos heredado su humeante sonrisa,

su desnudo con el mar, al cruzar frente a ella surge una
contradicción con el curso de ese vuelo, las alas que llenan
la avenida de la mirada, esa sonrisa
donde nace un amor que vive
en los quicios, en el comienzo de ciertas palabras.

Al amarla cesan los vuelos rasantes, y
ese olor que impregna el llanto,
una paloma vuela absurdamente sobre
el cadáver de un niño,
hasta que recorre el párpado
que divide la ciudad de tu cuerpo,
sitiada por esos besos rasantes y
por esa mirada que lo cala,
incólume, baldía, vaporosa,
bajo la sorpresa de los
enemigos que escriben antes de
lanzar un misil,
allí, posiblemente, te acaricia un traidor, un desertor,
o un poeta que ha sido expulsado del paraíso,
tendrás un arrecife de soñar, y ese borde
que dibuja un cuerpo
después de esa guerra fría, donde falla el poema.

Contrastes

Te amo sin porqué, me amas porque sí, ignorancia,
la repetición arruina el signo y lo opuesto funda imágenes,
por eso te alejas de mí, me llamas porque el juego más
hermoso consiste en acercarte al fuego y apagarlo cuando
todos sienten el humo, juego de indiferencias, vanas locuras.

Te amo acaso por esa ignominia, dolor que no trabaja
más, no se puede continuar, mejor reiniciar el poema
por esa apuesta que nunca se va a dar, la política del signo
y tus manos ya sin interés.

Eras la ciudad, mar que ya aconteció, alegría que no
registra un sueño, el dolor y esa incongruencia inexplicable
de no rechazar la seducción. Se va a dar, pero rehúsas
un error o de repente dudas del acierto,
jamás podríamos fundar una ciudad de baratijas,
estancias lujuriosas, el absurdo guiaba
nuestros pasos hacia un texto frío cuando el ardor resumía
frases insostenibles.

Luchabas por la palabra que no saldría, por el signo
y su gloria y te parecía que la muerte instauraba
el paisaje numeroso de amantes situados en un tren,
a veces rechazabas los residuos de un puerto tomado
hasta el cansancio
y querrías haber besado un recuerdo,
desde ese borde donde siempre bombardean nuestro amor
o querrías la fotografía de esa quemadura. Cobardía
de dejar que todo se reduzca a Somalia y esos amantes que
encuentran en la hierba una muerte repetida, inconsciente.

Amarte o perderte, olvidar una y otra vez las afirmaciones
donde la política culmina en el yodo, entrar sigilosamente
sin esa mochila, radios ruidosos en las axilas de un suicida
que no puede interrumpir las alas de este pensamiento,
el ayuno más lúcido y esas ganas de irte, tal vez exactamente
igual a volver.

Comenzabas por el lado triste una alegría que desnuda y
cerrabas en una testaruda sensación de que no puedes
conformarte con ese modo tradicional de querer,
huías por el lado innecesario,
encontrabas fe en lo inútil, adiós
imprescindible, felicidad demasiado contagiosa para
repetirla, a veces, el perdón molesta y una caricia, vana
enfermedad, el humor está en buscarte donde el náufrago
deshereda su aliento y la libertad predice un suicidio
voluntario, ni mentira o error, celo, verdad, desconfiar
siempre de esas palabras.

Lo que nos queda al final

Al final nos queda esa intención de asombro.
Disfrutamos una paz precoz que se deshacía en un quicio
donde un oxidado héroe duerme, símbolo de una continua
lucha con la muerte
día de sol, domingo, los pies se accidentan y
pateamos desencantados las flores, un arbusto invisible,
día con leones, avenidas y tus manos,
los mármoles como una degradación del sueño continúan
fugándose, despertando nichos, cavernas de furia,
esa paz la cultivamos a dos manos,
mujer que después de dar su cuerpo
a nombre del mío ha encontrado una paz indiferente.

Coincido con alguien, el héroe ha muerto,
el discurso de su hazaña crea hambrunas,
desdén que apuramos en un cigarrillo sospechoso.

Tu sudor, mis manos, tus cabellos desconocidos
esa curiosidad por hacerte la guerra desde ese mañana,
desde ese adiós que sobrevive al encuentro con el otro.

Eternizamos una ceniza ansiosa, improlongable ser,
me miras como un somalí,
con esa sed que no cesa cuando
el héroe dibuja una tarde, un sueño,
ánfora vacía donde el guerrero lleva
sus pastillas, acaso un cigarrillo,
simple paz, una foto tomada cuando te descalzas y
entonces mi corazón muere azotado de vergüenza,
en ese beso angustioso que los dos disfrutamos un viernes,

desde una canción que hace que nuestro amor sobreviva,
sueño o trampa que nunca da señales de pájaro,
en pez o en alguna flor de loto, alzada me miras,
mentira hermosa, dolor sitiado por neblina,
simple ideología de los dos.

La paz, ese labio abierto, inflexible índice y la desobediencia
de tomar la palabra, dominios de humo, rejas,
cabellos donde un mar bordea ojos,
primaveras, bancos de granito y trenzas.

Una libertad trabajada sobre la arena que jamás
habremos de pisar, palabras de una ciudad remota donde
acordamos partir,
ahí está el amor, en el juego perdido, en la partida donde los
jugadores desaparecen desnudos, sin dados,
ninguna orquídea, desde esa arqueología,
infantilismo inútil, dar vuelta sobre un trompo,
desde ese derrumbe milenario te miro inexplicable,
como el ser absoluto que habla por una ciudad donde el mar
siempre roe quillas, piedras, miradas, y
ese beso pensado, escrito sobre el agua, como el olvido.

SUBWAY
VIDA SUBTERRÁNEA Y OTRAS CONFESIONES
(Nueva York, 1999)

Consignas

Para no acoger un vocabulario recurrente, volvimos a disponer de limpieza, racismo o nacionalismo. Dios aprueba una amnistía para los que continúan presos en el *subway*, especialmente para quienes duermen su mejor siesta sobre el banco de esperar la muerte o sobre el quicio de aguardar nuestro último deseo, sin flores y sin los chocolates de un recuerdo. Reforma aprobada para los que viven entre los barrotes de una carrera de tormentosa inutilidad, encorvados sobre un periódico o excitados para sorber cervezas que han sucedido a un arrepentimiento. Estos prisioneros deben ocupar el subterráneo por una semana de relajamiento veraniego. Urge que experimenten una extraña sensación de libertad y redescubran la dulzura de la putrefacción.

Carga vespertina

Vamos con nuestros restos del día, con las horas perdidas sobre los rieles del tiempo, hay un error que rueda hacia el vacío y los zapatos gastados de esperar inútilmente un vagón por donde vendrán nuevas cargas, hombres satisfechos, rodeados de enmascarados traen paraguas y las mujeres cosen sus pertenencias al aire libre. Las piernas buscarán el placer de otras miradas o torcerán el rumbo hacia una puerta absurda, donde otros hombres esconderán cabezas vaciadas de preguntas, derretidas sobre trozos de otros cuerpos. Reflejos de ojos vuelven, abandonando ruidos. Pueblos que nunca volverán a ver el sol bajarán por la escalera donde puede habitar otra ciudad.

El maquinista

Después de localizarlo en los extremos del vagón, he observado que abre su caja de seguridad, el tren en marcha hacia la nada o detenido con las puertas del mundo, abiertas de par en par, se estira, lanza un gran suspiro, o permanece con su portezuela abierta, respirando o buscando el aire que ha desaparecido. Sabemos que es él por sus anchas gafas, hechas para descubrir insectos o evitar una ceguera súbita. He comprobado que los maquinistas pierden muchas cosas a lo largo de varios años de correr por los túneles. A veces dejan la portezuela de su mansión de un cuerpo y de media silla para situarse en las puertas, descubrir a los que orinan sobre una avenida, o a los fumadores que desafían la muerte en el paso de los que huyen de un vagón para buscar un perdido que tampoco se encuentra corriendo por las nuevas entre-puertas, como si persiguiesen llaveros, vendedores de baterías, los pordioseros emigran de ciudad, cambian de estaciones y deseos, reubicándose en otra zona de exclusión.

Muchas veces el Sujeto juega a ser visto. Quiere ser descubierto y se queda largo rato mirando hacia el fondo del vagón que cree comandar. Quiere descansar de su pieza y estirar las piernas para coquetear con la normalidad de los viajeros. El hombre se pasea con la llave del tren, dispuesto a cualquier cosa. Hoy se le ha ocurrido dejar que el E ruede hacia el vacío, cuando él y su amiga entran en desacuerdo. Unos ojos de iguana miran hacia el horizonte. Si es que la temperatura ha subido, los inquilinos abren sus abrigos, abandonan sus piernas y se quedan al descuido, como para cualquier cosa. Dejan una sombrilla provocativa sobre el banco. Se desprenden de sus fundas o de radios ensordecidos, y se dejan llevar por el maquinista que ya ha huido hacia un túnel, donde no hay esperanza.

Después de una mesa de aretes

Cuando avanzo hacia el círculo azul donde han encerrado la mayúscula que nos lanza hacia un confín de la ciudad, entramos entre hombres y mujeres que esperan. No nos hemos citado para recorrer algunos tramos, pero es obvia su satisfacción al verme otra vez, pues han desviado la mirada, yo huyo de la de ellos hacia el detalle de un cuerpo fragmentado, amputado hacia una línea en la conversación de un visitante de la otra ciudad. O elegimos el paisaje de abrazos involuntarios, o sexos mostrados sin querer con las manos caídas con despreocupación, mientras las otras o la misma que parecía distante se aferra a las barras móviles o a los barrotes colosales de una crucifixión involuntaria. Las cabezas, aparentemente libres, se ladean hacia un libro que el tren traiciona o que unos ojos hermosos e indiferentes demoran sobre una línea incomprensible y los ruidos han hecho revivir la concentración en esta nueva gravedad que oscila hacia un péndulo, hace dialogar los pies o desunir los tobillos, piensan más que nuestras manos o nuestros periódicos, a veces hacen el amor lanzándolos al polvo de nuestras pisadas.

Maldición en los rieles

Cómo destruir esta miseria si allí hemos tropezado con un pronombre extraño o escuchamos cómo consumían sílabas, cabellos vespertinos, labios, buscamos cuerpos cubiertos con antigüedades, manchas, perforaciones o desnudos hacia abajo difundiendo un pubis crepuscular, luego se derretían y nunca alzaban la mirada al oír maracas, acordeones, ladridos mecanizados avanzaban hacia la cabina del maquinista, a las entrepuertas donde nunca quisimos fumar o separar los vagones donde iban otras ciudades, otros sueños que avanzaban o retrocedían hacia otros que tal vez, ignoraban la llegada involuntaria de corazones enmascarados, caras pintadas y mujeres que ingresan con sus maquilladores o con sus perros, por razones de seguridad o en virtud de algún efecto hipnótico del ruido.

EL PERFUME DE *BOWLING GREEN*
(Nueva York, 2001)
Poeticus Eficacciae

Palestina

Si volviera a amar a otra mujer la llamaría Palestina, la abrazaría en torno a Jerusalén, en un reducto de Gaza salvaríamos el mar, volveríamos a escondernos en el borde de Egipto, nadie lo sabría, sobre los escombros de Jenín haríamos el amor muchas veces, desnudos como los primeros amantes del mito, inventaríamos manzanas o mangos tal vez, la serpiente saldría del primer beso a conjurar un nuevo ataque, diríamos que los Apaches simplemente dibujaron el escenario de una orgía, pero la llamarían Palestina muchas veces, acaso la altivez del muro ha servido para quererte más, desde luego no habría espacio para mitigar rodillas, curar heridas, depositar ofrendas sobre un huerto bombardeado. Diría que ella me llama de todas maneras, al partir el sol, al final de una cruenta batalla, después que todo se aplaque, volveré a recorrer tus escombros, los fragmentos de una mañana que estalla destrozando deseos, las trizas de un adiós irrevocable, un abrazo demorado sobre el contorno de una luna derramada sobre el día. Sigue fija, indiferente como el dios del hermano, es decir el Caín que quiere ser David o el Goliat que perdura en el Hudson, sospechoso como el que invocas cada vez que decides partir al más allá y lo haces sin interrumpir a los que llenan el día de placer vivir, aún pueden degustar una rutina, mientras tú vuelves con prisa al viejo caballo de Troya, regresas poco a poco al otoño de las piedras, a esa arena que no hemos podido disfrutar, la guerra se ha hecho personal y si mueres, también cultivaré la dicha de una luna indiferente, para olvidar que aún hay oxígeno, seguro que vivirás, un día escaparás al misil, al ala de un avión invisible, no pueden impedir que nos besemos mojando el tobillo en ese río milenario del tiempo, probando las yemas de este amor contra el agua de este hoy deshecho para contar peñascos, polvo de juguete, talco y desdén, y aquellas cosas que estaban ahí desde ayer, cuando el hermano compartía agua, viento y la arena del mismo desierto, los insectos que cruzan sin pedir permiso a ocupar tus manos.

Si queda algún rastro

¿Queda algún espacio disponible para la franqueza? ¿Tendrá cabida dentro de nuestros quehaceres domésticos algo que no sea parte de un negocio turbio? Los desertores optaron por algo más sano: abandonar lápices, notas, borradores sin esperanzas, cartas, álbumes sin sentido, nuevas tecnologías para abrirnos paso entre las mentiras, notas al pie, el socorrido desdén del yo, nos habríamos dedicado a ocultar pronombres, destrozar adverbios, demoler frases de cortesía y otras tonterías impagables, por ignorar de qué lado duerme el prójimo, eludo el milagro de un aborto premeditado, cuando se desangraba esta civilización bendecida. Para ser franco, si es que el convencimiento continúa arrastrando codicias, el cobarde exhibicionismo de algo que todavía nos permite levantar cabezas de ajo, cebollas que impusieron desquites, las frutas pudieron contradecir órdenes, recuerdos, quizás salvaron el tacto de un recuerdo maligno, para luego recomponer lo que venía, sortear el contorno de los que esparcían alegría, mirar al victimario ocultándose en las frases de un rompecabezas, amotinadas contra el que las dice, simplemente porque huele mal, puso sobre el tapete nuevas agresiones, desprecio por los que confían en la incoherencia, pude haber defendido mi moralidad, otra palabra devorada por los uniformados, se creen con derecho a decidir el rumbo equivocado que he seguido al soslayar el miedo, ya lo he dicho, nos negamos a obedecer, guarden el secreto del próximo Holocausto, simplemente quería disponer de un equipaje, un ojo con el que podían ver otros caídos, una tierra más vacía atraería deliciosas maldiciones, abriría el rumbo del próximo David, turbio y azaroso, demasiado positivo, confiando en el día de mañana, duerme todos los días en una cama ajena, con las manos ensangrentadas, aún puede enviar flores, o llamar para que descubran que ya no existe, puede besar a sus contemporáneos y diariamente destruir su memoria.

Diáspora mundana

Para muchos triunfadores, el mejor oficio del mundo consistiría en dejar todo donde está, callarse, evitar las declaraciones públicas, escabullirse con gracia entre los que no desean afrontar su destino, acobardarse con una botella de vino entre las manos, aplaudir a los que prestan juramento delante de las tarjetas del Dios, ir con prudencia a los trabajos diarios, sin admitir que aún estamos allí y que los otros continúan silenciosos, administrando unas cuantas horas de miseria, pastillas escondidas dentro de mochilas sospechosas, degustando un poco del azar, bailar, seguir el curso del día anterior con la pasión de un ángel escondido frente a la pizarra del enemigo, celoso por llenar la basura de colillas que germinan en la oscuridad, caminando sobre un día tan secreto, no habíamos tenido otro igual, el negocio de llevar una vida positiva continúa siendo delirante, seducimos mutuamente con la idea de una identidad que no nos queda bien, como protesta hemos mostrado un objeto personal en público, ya antes habían celebrado ese gesto, descartado esa vulgaridad, aquel deseo de sonar, saldremos adelante, y saltaron nuevos juramentos, banderitas, minúsculas certificaciones, unas cuantas horas harían la diferencia, simplemente tendríamos que quemar periódicos dejando de ser cuestionables, para qué ser parte de los que aún reconocen la utilidad de un psicólogo o de un amigo que ha descubierto cuán ignorante fuimos al subir el televisor, hablar alto y dejar fuera la idea de que éramos niños, algo olía mal, y nos convencieron de que olía bien, buscad al otro lado del mar aquel perfume y ese jugo que no nos quitará la sed, el error silenciado, las caricias que entablaron una discusión, tal vez nos preocupamos demasiado por el seno marchito de Janet Jackson, o por una bandera que rozaba el pubis de Madonna o cubría cabezas mal raspadas, pechos suculentos, piernas o deseos inexplicables por un hermano que ya no existía, no tenía que defender su color ni su vanidad o la culpabilidad de los acusadores, no éramos jueces, ni Mesías ni soldados, dejamos fuera de toda discusión a los que ejecutaron más allá del mar a otros que tenían pelos, cabezas y sueños como otros de los enterrados en fosas comunes y aún como los jueces implacables, por ahora mejor sigue adelante, dobla a la derecha y olvídalo, ni el arma del delito está en discusión ni el soldado que come diariamente en una mesa con flores donde hay niños y tal vez abuelos y planes de volver a la normalidad.

El nuevo rostro del tirano

Vestimenta civil, impecable, menos delgado que sus víctimas, hay un día en que vuelve a su perro y puedes verlo abrazándolo frente a las cámaras con ternura, imitando el asueto y de algunos soldados hoy tiene 15 días para volver al padre y a la madre y a los otros miembros de la dinastía. Hoy buscó las armas letales debajo de su cama, volvió a jugar al cínico, al mago que fracasa en las promesas, no estaban debajo de sus muebles e incluso quiso sacar la cartera y demostró que andaba desnudo de motivos perversos, quiso fingirse incorruptible y fracasó con más firmeza, los guardianes se habían ocultado para no aparecer frente al pueblo, por cierto no se sabe si votó o lo obligaron a creer que votaba por estos hombres de armas a tomar, de valentías distantes, discretos al derramar la sangre enemiga, amantes del verde por motivos ambientales olvidados y del verde difícil de duplicar y que no compra todo, solamente a los que votaron para que encontraran a un muchacho que emuló al padre y que fue más allá, mostró más cobardía, más desdén por los que venían descalzos y por los clérigos que amenazaban esa democracia sonada en secreto, la que aún se oculta en los aviones, duerme apaciblemente en los portaviones y en las frases sin cortapisas, palabrotas y gestos que emergen frente a los gritos de paz, en todos los concilios donde hace poco aceptó un esclavo que se equivocó un simple error de inteligencia que no traerá un *Watergate*, ni un tribunal a donde los amigos lo besen en la mejilla, olvidó la historia, era una simple crisis de sinceridad, el olvido del colonizado, del hijo de la parturienta, de la negra que hoy aplaude a este nuevo hombre blanco, el isleño que olvidó que alguna vez había entrado de contrabando, para acompañar al tirano empeñado en liberar el mundo de turbantes incómodos, de esas feas levitas y de esos gorros que no descubren el olvido, que no esconden el empeño en resistir al tirano que hoy, por cierto lloró, oró y habló de béisbol y añoró el varón que no llegó a tiempo, en los momentos en que el esclavo hacía la constitución y los arquitectos diseñaban el país que prometieron a la hecatombe.

ODISEA DEL TIEMPO
(Nueva York, 2005)

Epitafios

Cuando, desde algún gueto, otros héroes disparan sobre las ligas, los que ayunan sobre un cuerpo, el último, el suicida de la última noche. Entonces huyes y te escondes en un parque, detrás de los girasoles, debajo de las velas y los ángeles silenciosos y todo porque las medias no dispondrán de tus piernas larguísimas ni del tobillo averiado por un quiebre que sucede ahora, justo cuando implorabas flotar, al menos hacerlo hasta que apareciera otro cadáver sobre el agua cristalina de ese río que no ves o de ese mar que pregonas, diciendo que estaba poseído por ti, aprisionado en un simple caracol escondido en un cuarto, plagado de ángeles blancos y manteles con flores, las mismas que plantaste al escapar de una de esas factorías que hacen posible suponer que estás viva, que salvarás el día con una venganza de girasoles o velas estancadas sobre un agua falsa, mientras respiras o crees hacerlo sobre un sillón que flota, se ladea hacia un cristal que a duras penas reproduce siluetas, impresionan los mástiles traviesos avizorados por una tenue luz que platea torsos, cuadros que despintan la existencia de señales profundas, sombras o tapices donde con insistencia reaparecen esas flores del final que ya no están simple ni tan lechero como antes, aquellos días petulantes y groseros que prendieron su furor sobre calles con réplicas, con cortinas buenas para decorar esas tardes ausentes, ese viento que no puede dar contra los árboles y que no presagian nada, ni siquiera otra primavera impulsada por una melodía, esas que fueron y que apenas son razones para detenerte en otra época, echando agua al viento, llenando de colores calcetines y reduciendo glúteos para un glamour que parece haber llegado a su fin.

Mujer desarmada

Si te han desarmado, qué inventarás para intentar flotar, avanzar hacia un tronco, llamar por teléfono y dejar que la noche sea un infinitivo que germina cada dos segundos con inquieto desdén, y todo porque no supiste esconderte en la trinchera y llorar, sosteniendo hijos, peinetas o pintalabios o, el simulacro de una menstruación que ocurría con más ardores, en el instante en que alguien, un cliente, un amigo, un inmigrante acuchillado por la espalda, y que no impedía que llegaran los miedos, los deseos de escapar por unas horas y simplemente flotar, porque un inmigrante, aunque sepa nadar, solo puede flotar sobre flores o cintas o prendas que encenderían una trinchera donde nunca estarías, habrías venido a deparar el aciago y delicioso día de los egos desnudos y o de las simulaciones que comienzan con palabras, estos paraguas o gomas de mascar, o palos a la deriva, buenos para flotar sobre las dudas, sin saber que disparamos sin pensar hacia remotos mares que no salen, que no hacen preguntas y que trabajan un día descartado, lleno de música, de la hermana que soñé, o del padre que debió ser mi hijo o del amigo que debió ser mi hermano y que, sin embargo, deviene en palabras que devoran los cuerpos, los que solo flotan sobre avenidas tomadas por otros cazadores furtivos, por otros bañistas vestidos impecablemente, y que flotan con sus trajes, con sus copas de champán, con sus quesos que inquieren por una respuesta y que disuelven sus ínfulas sobre perfumes penetrantes que hacen que los cuellos floten con más prisa hacia la orilla de estos finales incoloros.

Montados sobre el 6

Ahora por fin podemos orinar sobre el día anterior, unas horas después de emocionarnos con ese ayer que, sin embargo, podría ser un hoy descartado, dividido en pequeños pedacitos de tal vez, o quizás simplísimos, dejados atrás por ese empeño en circular sobre nuestras propias ganas de saber qué pasó, a dónde fue ese recuerdo de días plantados en la memoria, celebrados o maldecidos, dejando el mar atrás, alejándonos de los podremos, creer que aún la noche es una prolongación, o ese negocio de ver caer el cristal, unos últimos segundos emborrachados por deseos, promesas y planes que volverían a fallar, esquemas que cederían a la mansedumbre del ser, a su insistencia en descorrer cortinas para mascullar, vendríamos renovados de preguntas golosas y de sueños arruinados por un pensamiento, cuando los finales estallaban en las confinaciones, cedían al viejo plan por cortejar los dioses, maldecid a los que habrán de ser los héroes de un nuevo sufrimiento, aquellos que brindaron por doce meses de puños apretados o dedos erectos y copas rotas debajo de las flechas que subrayan crecimientos que no nos contienen, predicen un progreso sofocante y vacío, solo arriban campanitas, sacerdotes, prestamistas y aquel humo que cambia el olor de los que se dan a calcular cuánto comerán durante el año, abriendo espacios para los nuevos melones, para los minutos que no devolverán las camas de agua, los vigías sin padres, las madres sin hijos empujando las yolas, cargando peces que no se multiplicarán sobre las mesas de las próximas cenas con apóstoles sonrientes que vuelven a destruir las brújulas, a lamer el culo de un imperio o seducir a los que todavía no han podido probar su primera pasta dental, aquellos nadan sin piedad tras un corazón que navega, flotan, sin que el tiburón de una dicha momentánea arribe a los jardines prolongados, pospuestos por ayunos o fatuos deseos de salir a otra era, simplemente hemos segregado partículas de vida, ideas que no se presentaron a tiempo y que sin embargo, han quedado atrás, o han vuelto a los aquí que nos siguen, simulando que ya no vuelve el mismo sol, ni la misma luna ni el insufrible desdén con aquellos monstruos molestos por tus manos, celosos de tus dedos que no cantan, no trabajan el crimen venidero con la desidia de antes, cuando te desearon desde los palcos aquellos celosos mercaderes de siempre, de esos siempre que merecen advertir el entusiasmo con que deberíamos dividir la penúltima mañana, los besos y las caricias que devolvieron al mismo, al dichoso que vuelve a perder la cabeza por un pintalabios, o unos calcetines que no harán el daño esperado ni parirán más *no*, ni más *que* y lóbregos ardores de un dios que no quiere que hagamos el amor tan de prisa.

Primeras impresiones

Por qué no recordar el primer suspiro, la primera vez que maldijeron nuestros labios, si besaron o sucumbieron sobre un cuerpo que simplemente preguntaba, podríamos anotar el tormentoso clítoris que ya no enciende el frío ni provoca el calor que la estación pregona, deberíamos salir a tocar las cosas por primera vez. Que se permita matar de una vez por todas al que cruzó con el mismo deseo, divertirnos a partir de la nada, del punto cero de todas las desdichas, o ese terreno donde no estamos, partir de esa ausencia que gravita sobre el deseo de ser libre por primera vez, listos para someternos a la única ley verdadera, la que parte de la voluntad que no ha sido mancillada ni advertida en los cuadernos ni sospechada por una línea despintada, reabierta la estancia y quemar cortinajes, saturado el deseo, vencido el cuerpo de esos viejos hedores, lamido por jueces borrachos, magistrados que parten de nosotros con la sapiencia de un planeta que cae y se desmorona sobre las manos de los encadenados y los hipócritas y todos los perversos que derretían nuestros corazones con nuevos absurdos.

ECOS DEL ARCA DIASPÓRICA
(Nueva York, 2008)

Carta ficticia de renuncia al Comisionado Dominicano de Cultura en USA del año 2008

Si me diesen el honor de actuar para mi público,
dispuesta para un júbilo, desnuda, despierta, descalza,
descubriendo mis licras y mis medias transparentes
para una audiencia que aplaude, se arrodilla
o se arremolina frente a los bustos en ruina
o mira las paredes vacías o las ventanas
plagadas de mitologías,
aquella ventana invisible, anónima, como todas
las cosas que hacemos,
diría lo siguiente y mantendría la discreción de un burócrata
que come puntualmente o trae su hostia a la Requena
para comer con los muertos en un convite dulce,
digno de recordación.
Aquí están los gestos de este pretérito.

He sido el Lentino de esta comedia que nunca llegó.
A veces he sido yo misma en mi puta ambigüedad
o intenté serlo muchas veces, cuando el canto no era para mí,
sino para los que vienen, cuando creen venirse
o cuando se ausentan, sospechan que vienen
o han partido en dirección equivocada.

El nicho jubiloso de la sala ha sido el remanso de paz,
el teatro de la dicha,
la sombra casual de un desquite inútil,
aquella arena sin sangre o sin miembros erectos
destrozados para un festín de cena arrepentida
de regalos autoritarios
sobres blancos y silencios reprimidos

y como no hay barcos o aviones ni siquiera balsas
tampoco plantaron flores blancas o remos
sobre el oleaje de esta tarde abandonada a su suerte,
derruida por los achaques de sapiencia,
o las molduras instaladas para suprimir un deseo,
o perseguir la sospecha de un recuerdo
No he sido invitado por el azar para ver el descenso
de esta gleba condenada a su dicha,
impuesta al desdén de los aplausos universales,
a trazar la circunferencia de una idea genial,
de estos aniversarios fuera de lugar
o de esta estación baldía,
cuando pudimos ser nosotros,
fuimos los demás, los cremados bajo el crepúsculo
el santo papa o los monaguillos libertarios de un suspiro
inauguramos palabras de agradecimiento o la ternura
/de un adiós,
sin brazos levantados al estilo viril de Fray Antón Montesinos
o abrazos dibujados sobre un papel lanzado sobre
/una calle húmeda.

He sido perfectamente el de los lunes o el del sábado neutro.
Cualquiera hubiera jurado que he sido
/el del miércoles indeciso
de vestimenta común, abrazos acariciado por la gleba,
sintiéndose parte de un verso que pensó,
o de una frase jamás pronunciada en público.
La orgía libertaria muere entre estas paredes limpias y blancas
donde alguien separa sillas o mide distancias.
Entre estas hay un pensamiento histórico,
el esclavo se comió el pan o regaló sonrisa a los ladrones
crucificados por la llenura.
Alguien huyó por la puerta del fondo
dejando un mensaje en la oscuridad del camerino
donde se pintaba la cultura de un país nominal

y nacían los demonios de la apatía codiciosa,
el aliento maldito de una tarde desventurada,
pintada para la ternura más patriótica del mundo,
agradecida por los que ya han pensado en su ausencia.

Fuimos esas pantomimas, esos duendes considerados,
aunque la ciudad hispánica y oligárquica no nos delataba
los políticos dominaron el escenario de otro manicomio,
al recorrer sus muros anquilosados por el exterminio
se despintaban los rostros de los caídos
y la *Gran Sala Zodiacal*, el *Gran Salón de los muertos agridulces*
cernía su arrepentimiento vigilado
y un día llega un Cristo Redentor, escondido en un bolero.
Para resarcir a las heroínas, se postulaban reverendos,
se cerraban ojos, se abrían corazones atemperados
/por la distancia
se hacía la cultura, las banderas se escondían bajo siete llaves,
entonces llegaba el auditor,
el invisible inspector de sanidad financiera
 y el buen lector de los voltios arruinados.
Se lavaban los trapos sucios,
en otro entonces, algo se activaba en nuestros corazones
arrepentido de comer bien
buenos para difamar la gran obra
la obra social del adiós bien aventurado
no se reprimían sus querencias,
ni su voluntad de puntualidad aterradora.
¿Para qué anunciar el sexo imperioso,
el trasfondo lúcido?

La esclavitud ha sido desmentida en las consignas.
Un viento celebratorio llena el hermoso mamotreto
/de la Requena
de madres furiosas en otra crisis de lucidez,
de libros lanzados a la muchedumbre y se deletreaba el horror
nunca como ahora el exilio alardea de sus lauros,

presume de letras desterradas y de Historia limpia,
campea en la oscuridad de los sicarios, representado
por la lámpara apagada de cualquier Aladino.

Quedan libres los que sospecharon
de una forma de mover las manos,
fueron despedidos en ejercicio de su voluntad.
Deudas preciosas gravitaron en la contemplación del salitre
y la pureza inauguró el valor de despedirse sin prisa,
regresando al crimen apremiando las manos,
cruzando las cejas y con el libreto
de la Gran Sala del Espanto hermoso en el sobaco,
el manto del gran escenario dejó caer sus blusas,
inauguró sus *Victoria´s Secret*, el vientre no escondió más
ternura ni un ombligo entusiasta sobre los editoriales,
el gran premio de las letras exiliadas parió bolas sensuales,
administró las actas de defunción
/de los soñadores disidentes,
un turismo cultural de jurados nacionales comprometidos
entonces nos yugularon otros suicidas despreciables
cuando la mierda caritativa entró sin pudor en la Requena,
saltaron los sagrados nombres del altar importado.

Las ciguapas vegetarianas pronunciaron el alfabeto
/extraño de un auto,
los nuestros se han arrepentido de sus verdaderas identidades,
corrieron con gratitud, saltaron en pedazos
/al descubrir la lluvia
de otra inocencia o pisaron la nieve de un tormento,
bajo el despojo celebrado descendían
/por la Avenida Ámsterdam
era un nacionalismo redentor, sin escaleras
/ni pudor en las mejillas,
faltaban faldas, no hombres como ha dicho Pedro Mir
para denunciar el escalofrío de un calor fálico,
saltaban pantalones para desfruncir las cejas,

ventanas para ver los autos de la huida desde las ventanas,
los varones no pudieron llorar su niñez, mejor
                              /callar como traidores
y esperar la libertad de los dueños de la hacienda moderna,
aguardando el secreto esclavo de las nalgas poéticas
igual que el rumor de la canela o las hojas del té perfumado
desesperan los labios y aquel olor no deja
de refugiarse en las narices congestionadas.

Todavía aspiramos un olor a café Santo Domingo
o un té pintado en las tazas de papel cuestionado
desde una esquina redentora,
buena para conspirar contra las cámaras
se descubren los viejos gestos de la libertad.
Fui libre. No sé si he sido libre de mí, de los demás.
este pronombre impersonal ha sido visto y palpado
                              /por las cámaras,
este yo tan inservible como el Nosotros de la complicidad
inmediata o el de los *haraquiris* cotidianos sobre la nieve.
Ha sido, ha tenido que ver con los planes, ha sido parte
de una Historia plena de grandilocuencias.
Lentino no renunció porque haya sido difamado
he sido reconocido, no me puedo quejar de mi suerte
de las páginas que se levantaron para decirme: Hola, Lentino
no he sido el único necio de la película ni el enfermo
que reía ni siquiera el monstruo perfumado
descrito por la hecatombe que se come la Requena
cuando todos se han ido
he sido yo, él, aquel, las otras, las mismas.
He sido el que se come la saliva y vomita sus atributos
he sido el que se despinta sin ser la mujer del viernes,
la que llega a las seis o la que parte para ver Ámsterdam
por última vez
no he sido la Ciguapa pálida que ha nombrado Uber,
como el paraíso de la supervivencia de la poesía del mundo
ni el poeta que izó la bandera de un Duterte honrado

ni dijo Tierra de martirologio del imperio del dedo
ni voló como un Superman miserable
buscando de palabras adecuadas para el sátrapa
o agua fresca para *la gleba* arrodillada
para besar las mejillas de la virgen,
o descubrir los tobillos desnudos del desinterés.
La tarde y sus cuadernos abrieron fuego
contra el aburrimiento.
Las consignas se esfumaron y dimos paso al adiós,
partió el barco, le quitamos
la sed a los náufragos de esta Historia
donde he sido bien pagado, sentado, arrodillado
para que Dios no perturbe la felicidad de los que se van
con la dudosa verdad de si firmé o no firmé la orden
de mi desaparición, sin aparecer en los periódicos del 14 junio
de 1962 sino en *las páginas amarillas* del altar de Facebook,
a plena luz del día o de la noche.

Tal vez fui uno más de los sublevados,
de los forzados a firmar una moratoria,
un día más, en el mes de las flores robadas
y la tarde de sol abucheada para un orgasmo,
honré y fui deshonrado por estar fuera del altar,
los curas llegaron para aplaudir al dictador moderno
a propósito, aquí no hubo, no hay y para qué discutirlo,
ni siquiera un verdadero Johnny Abbes García,
ni un Lentino real ni una 40 para maquillaje con *Spot*
ni siquiera un Joaquín Balaguer joven y con sentido común
de verdad, arrepentido del misterio de su página actual
los supersticiosos han sido liberados,
el reggae fue expulsado a tiempo y el merengue
de El Padrino sonó toda la noche llenando de sangre
el remanso, las concubinas bailaron y los ahijados
escupieron sobre las pizzas, posaron para un bizcocho
donde no faltaron velas,
las víctimas se ausentaron del cumpleaños,

celebrado en ausencia,
discutido y susurrado en ausencia, presentido,
devorado por luces y ojos
jugosas preguntas, afirmaciones del que se fue de ronda,
un personaje del partido desaparecido ha instalado
/los micrófonos,
el decreto visto habla, el terrorista escondido tiembla,
nadie nos dicen quiénes somos,
la historia es una mierda, ahora canta el que buscamos,
el poeta ausente deja paso al cantante,
saltan los quesos en ausencia,
las uvas condenadas al suplicio de las lenguas monolingües
el tamaño de estos arrecifes, las habichuelas negras de Dios
cuidadas con el primor de un apagón mental
besadas en los conatos de irreverencias,
la paciencia de Job cercenada por el rito de la velocidad
y el estigma angelical de los *antologazos* del día
invisibilizados por la podredumbre.
Si hay incienso y sueño
cuesta acariciarse las bolas frías, depositar ofrendas
sobre el sobrio desinterés de las nalgas,
las inadvertidas alcancías del santo
las cámaras lo saben, pueden ver todo el día,
neutrales, bien plantadas, austeras,
han descubierto el deseo de una caricia,
han perdurado en los primeros días,
cuando creíamos que existían en su oficio invisible,
el increíble monstruo de los mil ojos,
y ningún cerebro podía ver los cuadernos
advertir el agua, sobrar sobre la superficie de una lágrima,
posarse como una palomita de maíz inocente,
sin moscas ni gusanos, crecía dentro del espanto,
la sombra perdurable del dictador de turno,
un ambiente turbio alcanzaba para sortear
una idea, desconectar el ansia y acudir a un ángel angustiado
solicitar audiencia y proclamar que no entren

/las ciguapas vegetarianas,
ni pasen los que habitan la ventana del adiós,
el patricio oficial de la Puerta del Conde de Peñalba
de aquella independencia perdida en el 1844
no fue rescatado y mucho menos cuestionado,
la ciudad nos delataba la confusión de aquel *glamour*
los políticos dominaron el escenario de otro manicomio anual,
al recorrer sus muros de una imaginación desechable
se despintaban los rostros de los caídos
y la Gran Sala del destierro, el Gran Salón de los muertos
en peligro de un despertar de sospechosa mansedumbre
cernía su arrepentimiento vigilado
y un día llega un Cristo Redentor escondido en un bolero
para resarcir a las heroínas se postulaba reverendos,
se cerraban ojos, se abrían corazones
se hacía la cultura, las banderas se escondían bajo siete llaves,
llegaba el auditor, el inspector y el buen lector de los voltios y
se lavaban los trapos, algo se activaba en nuestro corazón
arrepentido de comer bien
bueno para celebrar la gran obra,
la obra social de un adiós rastrero
no se reprimía sus querencias,
ni su sed de puntualidad aterradora,
¿para qué anunciar el sexo imperioso,
el trasfondo lúcido?
la esclavitud ha sido desmentida en las consignas
un viento celebratorio llena la Requena
de madres furiosas,
de libros lanzados a la muchedumbre y se deletrea el horror
y nunca como ahora, el exilio alardea de sus lauros.

Todavía recuerdo los últimos tiburones
entrando con la gleba del corredor cultural cualquier día
en los ascensores de la soledad o descendían
sin corsarios inesperados ni pudor en las manos,
pero no faltaban Mesías bajo el crepúsculo

ni faltaban machos cabríos para estirar las piernas,
ventanas para ver los autos descansar de la última huida
hacia las ATM de un romance espectacular con el bochorno,
y la audiencia inocente del interior de la sala lloraba
como niños traviesos de esta fantasía pirata
y era sano esperar la llamada libertad de los dueños,
aguardando el secreto de las nalgas lúcidas
aspirando el humor de la canela o a las hojas de té
que esperan y el olor no deja de refugiarse en la Requena
y se advierte que partimos, éramos, hemos sido
los que algunas vez imaginaron que podían
arder en los cuadernos, inaugurando voces,
atormentando la dureza fría en las cornisas
y luego tapar el *toilet* para ocultar un olor universal,
en esos días en que pasarse servilletas por los labios,
competía con las pesadillas de una ergástula sensual
imaginadas en la Gran Sala, narrada bajo un otoño
de libros abiertos y clientela entusiasta, vestida para la misa
cuando el andén de Ámsterdam se llenaba hasta la coronilla
de santurrones libertarios, pervertidos sexuales y desterrados
lanzando trabucazos desde un palomar ideológico,
venían para describir el epitafio de los marcos,
la falta de rostro en las pinturas o desmentir
la crisis de realidad bajo el cristal
de *la Gran Ventana de la patria.*

POEMAS DEL PRIMER DÍA
(Nueva York, 2009)

Celebración del miércoles

El miércoles es bueno para frotarse las manos
y tal vez gritarlo: ¡Ha llegado el día!
Las manos se detienen en busca del ombligo,
hemos llegado a tiempo, su miseria no nos salvará
de esta sensación de guardar pianos, esconder llaves,
besar cartas, delirar en los razonamientos del poema.
Ha pasado una hora y aún no llegan las víctimas,
los amantes del suicida devoran la arena,
sintiendo la hierba del esplendor de un grito,
arriban nuestras manos, circulan consecuencias
muchas horas de espera aguardan, las heridas
no podían postergarse para el sábado,
el lunes era demasiado luctuoso para dejar de calumniar
esta línea invisible, el calor detrás de los cristales
vislumbra las maravillas de la semana,
los esclavos lo aman y los sepultureros lo desprecian
augurando una sed de flores, un ataúd atormentado
marchará por las ciudades en busca del cadáver,
o quizás resucitemos de este miércoles
a las 11 de la mañana.
No podía ser de otro modo, habría que decirlo en voz baja
los imposibles han perdido dignidad,
para que ocultar a los que mueren luchando
por una orquídea o levantan muros, hipotecando
las caricias previas y palabras flagrantes.
Insípido este día por cobrar, desposeído por naturaleza,
insobornable, anuncia el sacrilegio de las preguntas
el oleaje del vino no se oculta en las mochilas
y no se vende más barato la infamia de besar caderas,
o disparar palomas hacia una playa enemiga.

Los voluntarios atesoran las iniquidades de este día,
los girasoles pintados auguran un ángel desquiciado
o una sala donde las enfermeras masturban el libro
o quizás se lancen al pavimento en busca de una frase
justa para despedir el día en las alfombras,
en los libros enmudecidos por denunciar
un miércoles partido en dos, abatido por tal vez
o quizás o un ardor incoloro, aletea su suspiro
pidiendo albergar un manicomio
dividido en pedacitos invisibles de miradas.
Los observadores saborean el desinterés
de los minutos vendidos en un día sin densidad,
bueno para derretir las yemas,
ahí yace el azul indiferente del miércoles,
quieren borrarlo del mapa, violentarlo
para que su incienso no llegue a las alturas
de esta indiferencia o disipe un perfume,
de cuadernos reprimidos por el viento.

Sin salida

O todo es Christian Dior o nuestro amor es falso.
La nada existe cuando ya no estás, por qué decir
sin ti, si el sinsentido anuncia una ciudad borracha
donde el amor aprovecha el corazón para que
el lápiz haga las preguntas o maldiga respuestas.
Dios es un simple conocimiento de ti,
la piel resiste, las dudas tiemblan,
las manos de los sí advierten quesos rancios,
una melodía germina su pluma indiscreta
y todo andar despierto augura una contienda
donde el sueño procrea, la noche nos salva,
aunque todo sea agua de colonia y bisturí,
nadie pariría aquí si no estuviera lista
para amar este cuerpo varado entre los libros,
sucio de tinta y celoso del viento
el sol sediento arde, el labio frío imprime tus cabellos
si no vinieras a oír esta canción
licuada entre las calles, alada para saltar en pedazos,
esta costilla ya no oculta la humedad de la semilla
ni el calor escapa entre las piernas.

Tomás Modesto Galán

POEMAS REVUELTOS
(Nueva York, 2008-2010)

Certeza sospechosa

Si creéis que existe algo de vosotros
por favor, fundad una entelequia para averiguarlo
Sus padres no lo reconocen
Para qué detenerse a rasurarlo, maquillarla
pintarle un lunar en la mejilla, llamarla
Qué importa si es un número, un graffiti,
No sabemos cómo se llamaba
si tenía bicicleta, labios descarnados
La vimos levantar una mano antes
de saltar a los genes de tanta prosperidad
incolora, los insípidos mendigos empeñaron un signo
Armaron una pose seductora, limpiaron la ciudad
de centavos impresos en la sal y de ratas embusteras
El puente de todos los días se armó de flores rojas
para lamer el lomo del absurdo
Una metamorfosis inauguró el sorteo del viernes
y solo quedaron libres los inútiles cuerpos ambulantes
aquellos que se negaron a ser contados por el censo
Por fortuna quedaron fuera las mujeres maduras
desencadenadas por la memoria del vacío
Los francotiradores de mi generación
atrincherados en un gueto de martillos votos
y banderas sordas ondeando para la otredad
aquellos dispuestos a disparar para matar el aburrimiento
Los locos adheridos a su desprecio saltan al vacío
y aquellos genitales varados en una esquina del tiempo
esperando un cigarrillo, embriagados por el olor
que no despierta la nostalgia.

Hora de *lunch en York College*

El miedo no es casual
Ha descubierto el movimiento de mis manos
Mis lentes perdidos aseguran veía hace unas horas
Sin ellos la precariedad echa su última batalla
La luz supone una estancia perdida
le da solidez al cuerpo y sordidez al deseo
establece colores que no se desocupan
de todo lo que el llanto nos devuelve
La claridad no nos permitirá amarnos más
ni odiarnos menos, sospechen de este dulce
sentimiento, arrastra ternura, consume ausencia
falta en la iniciación del cuerpo insostenible
El miedo no le da tregua a esta hora incestuosa
Nos vemos todos comiendo las mismas uvas
Los mismos meses se comen las mismas horas
Este segundo se desespera por devorar su nada
Hay cuerpos fallidos atrapados por la piedad
la tarde es estupenda para saltar al vacío, ignora
los desnudos del primer día de la semana sin dolor
Descreídos de nuestra presencia irremediable
Ahora es cuando comenzamos a fingir.
La noche del mito arrastra sus bromas
redime cadenas que vendrán a caer sobre la tinta gris
de los nuevos condenados a vivir en la bruma
bajo una lámpara que un día se apagará para siempre.

Protagonismo maldito

Cuando salí del útero de mi madre
tenía un padre, venía de vez en cuando a verme
tenía derecho a la infancia en las panaderías
Claro era cristiano, tenía derecho a una cruz
Era heterosexual por antonomasia y naturaleza
Aunque no supiera qué significaba esa palabra
Tenía derecho a una pistola por tres días,
a un par de granadas diseñadas para el juego
para la bazuca varias balas que encontré en la Salcedo
Un antifaz, un traje de *Red Rider*, un caballo blanco
para el Llanero Solitario, una capa, cierta verdura
una ametralladora que iluminaba sueños
Tenía derecho a recorrer la ciudad en busca de leche
tenía una enfermedad dispuesta a acariciar
los bolsillos de mi padre, el kiosco de mi madre,
gallinas para alimentar las borracheras
de mi hermano mayor, conejos para mis gatos
Tenía un pulpo a mi servicio reluciente y adulto
cuando la riqueza del cemento echó raíces
la vieja Belén me trajo un caballo de paso fino
Tenía pollos blancos, pardos, golondrinas pintas,
invasores que entraban en mi pieza de verde
llevándose las armas que me trajeron los camellos
un día descubrí que toda posesión era una ilusión
incluyendo a mi padre, a mi madre, a mis peces
ya no tenía el país sin asalto, la luna sin hambre
las playas perdieron su dimensión ficticia
el mundo se deshacía como una pompa de jabón
de cuaba, tenía derecho a seguir al cura de procesión
aprender un latín de tres palabras para persignarme

tenía derecho a ir al oratorio de las películas baratas
gozaba plenamente de derechos de inquilino
podía cruzar las trincheras oír disparos, dormir en el suelo
divisar al invasor derribar una puerta de juguete
tenía derecho a una ciudad tomada a golpe
mi risa tenía derecho a la esperanza.

Aprender a morir

Aprender a morir tiene sus secretos en la humedad
sus costillas rotas, el grajo sin su jugo y una pesca
de clavículas sordas en honor al hombro lúcido

Desde un motel morir libra el poema de otras verdades
Nada tiene de malo morir tres horas o resucitar
bajo el agua, suspirar de esta infamia moribunda.
Nos acusan las persianas, la pesadez de las cortinas,
y el ruido tiene un sabor a mercado polvoriento

Morir en un hotel a tres caídas y un empate dudoso
Falla el corazón, las rodillas se desdoblan del marco,
el cuerpo hablado no predica su rostro verdadero
Ni el evangelio nos expulsa del partido de Dios ni de Marx
Un escuadrón de humedad cubre las sábanas,
aunque nuestros hijos se nieguen a nacer bajo esta bruma

Morir tiene su gracia, su condena absurda, sin semana
que escribir, ni lunes por andar, el anhelo de esta muerte
trae una consigna derogada por la noche del muslo
un castigo a la intemperie bajo la isla de Whitman
El parque Poe es un recuerdo que pesa, una avenida
atrapada por sus propias efemérides gatea bajo el frío.
Dedo adentro, una a una, se llega, esta avenida inaugura
su humedad, recorremos una ciudad sitiada por el miedo
sufre de sus bolígrafos robados o cuadernos buenos
para un incienso que se retira a leguas de un ombligo
que recobra la nasalidad de una consonante activada
por un recuerdo, una ene o una letra que ni es vocal
ni es griega al predecir sucesiones de gritos

La cobardía suprema no redime el motel ni los muertos
que la vana oscuridad inventa y que la claridad traiciona
Ese territorio oscuro no borra los cuerpos de su ruina
La casa del capricho es un buen lugar para morir en plural
sin los aterrizajes en un interrogatorio del codo, o una amnesia
del pelo, las pestañas pueden pensar su historia, abrirse
en la neblina de unos cuantos metros de tierra retirada,
desde ahí el sexo es tan anónimo como el feto que nace de
esta dulce hormiga labora su axila y lame su jerga

No hay moral para juzgar este predicado que se calla.
Este sujeto sin oración, las culpas se desocupan de moral.
El sentido desinfla su semántica de meses inútiles
La muerte proclama su trofeo, toca su diana y ronda
su abstinencia en la oscuridad de este niño rastrero

Este calendario debió arder hace horas, pudo dolerle un antes,
gimió el después, el terremoto no despoja sus muertos de enero
Mueren las preguntas, se establecen las afirmaciones al otro
lado del mar, del bien, de esta cena de huesos bajo el humo

Hay un teatro virtual, quizás un cine, para saborear el dolor
de esta dicha infame, nos deleita con sus uvas silvestres
clava su asta primorosa a pocos pasos del culo, hay centímetro
de inexplicable capricho, que juzguen los centímetros la huelga
y la espera de este orgasmo, de esta muerte corporal
                                                    /en sus lienzos,
libre de piedad en los tobillos de este ajo ardiente y rencoroso

Un cuerpo es como un dardo, entra sin preguntar en el borde
tuerce el rumbo, flota sorbe el cemento, abre los labios,
da en el blanco despintando las puertas, moliendo la cerradura
de las uñas, entra en el centro, da en el borde, rompe con su vuelo,

apura el punto débil desde este amasijo de sombra,
ha nacido un arbusto, la rosa ya no habla del árbol ni persiste
en dejar luces en la memoria de estas calorías imperecederas.

AMOR EN BICICLETA Y OTROS POEMAS
(Nueva York, 2010)

Aguas prohibidas

Mientras duermes cruzo debajo de los puentes
que abisman un ayer o un mañana
tiempo de ferocidades inútiles.

Nada alterará el curso de esta prisa
que yuxtapone angustias o el río
de un principio irrevocable.

Sortear una avenida vacía de aventura
dichoso el desandar del agua de esta prisa,
al reencuentro con las piedras de mis antepasados,
o perseguido por una peregrinación de cadáveres felices.
Planto mis pies sobre el color de marzo.

O de cualquier comedia, entregando el cuerpo
a las palabras que no desembocan,
nunca llegan a fundar tu sonrisa,
coquetean con la frivolidad de tus piernas.
Persistencia de un vientre de preguntas morbosas
hay extremidades acodadas contra un sillón antiguo,
donde pudimos haber hecho el amor del mes.

Perdidos entre fantasmas,
alguien nos pisa los talones.
Vamos, descaminemos este horizonte,
o retornemos a este dolor, salivoso
como el mar de la infancia.

Tus labios

Pronunciarán dos milenios de improperios,
maldiciones de un día vertiginoso,
orgullo horizontal morir sin decir adiós,
hay huecas consonantes, desenfrenos del ser.
Hay señales: te he amado en la incertidumbre de una infamia,
primeras palabras, torpeza en la condena.

Tus labios ya han reunido un carnaval de sabios.
Un mecenas morirá en el patíbulo de un fósforo,
si aún duele ser tibio en la ceguera silenciosa del ardor.
Un día cualquiera vuelven arrepentidos de un discurso
Copulan en la cámara de gas. Donde cometen un error.
Si no se inclinan para morir, nos redime el juicio.

Dar con tus labios irritados, travesía hasta el hastío.
Los siento irreverentes, anudándose en los pezones de una montaña,
Regresando a los confines del ombligo.

Desde entonces la firmeza del dolor tiene labios,
tu cuerpo desemboca en la humedad de la canela.
Las piedras no subyugan un bosque de arrecife.
¡Qué fértil es el llanto en el desierto!

¡Oh, quemazón de volcanes olvidados!
Tendría sentido separar la geografía,
o inventar una boca errante.
Si jamás se descubre, nunca cede su dominio
el ay impostergable del vacío.

Si el mundo tiene juicio, debe razonar por tus promesas,

responder por tus cabellos. Tal vez meditamos una jauría
sin Dios o el vino ya descubre el capricho en el cuello,
La ciudad desaloja la ilusión de preguntas.

Siento tus dientes royendo un pan envejecido,
abriéndose para engullir un mangle,
absorben el esqueleto de un paraguas,
reclaman el principio de esta orgía.

Grados del tiempo

Acerca los cactus nuestros de cada día
y el desconcierto de tus manos tiernas,
50 minutos de eternidad para concebir la ilusión
de esta aurora,
33 grados subvierten esta orquídea,
tierra de mártires,
caras pintadas.
¿Para qué ocultar un error en el tobillo o
una llamada descubierta
en una línea muerta de vergüenza?

Cuando cierras cortinas, nacen adioses,
volteretas del pensamiento,
dudas de que nos oigan desde otra estrella .
Hoy no crecerán semillas frías,
esperaremos otra galera desahabitada,
un próximo delirio renunciará a las dudas,
si algunos santos cruzan entre los sátiros del desierto.

Muy cerca persisten en levantar en andas
la mañana de un pubis, siguen violentando astros,
redescubriendo el ágora del viento o desatando bosques,
mares, lentos felinos escondidos entre las hierbas del
esplendor.

Ya no abordas el desconcierto de vivir,
simplemente conquistas un placer,
lanza cenizas sobre el océano,
o una isla incierta pierde su horizonte,
espina prometida a la ilusión, la despedida sangra
de su corazonada.

Tardanzas del mar

Quería escribir tiempo, pero el mar se alejaba.
Todavía retumba contra mis oídos,
deja de oírse, tarda en derribar las rocas del pasado.
Un día roerá las montañas donde pienso en ti.

Esta casa de huesos prestada sin interés,
también caerá derruida por tus manos,
enredada por tu cabellera, ese hoy insoluble.
Tarde de guerreros inútiles, porfías del sentir.
Cuando el no sentir ha desatado el vacío.
Desde ayer, el mañana continúa impronunciable.

Veo en el horizonte tu cuerpo en desuso.
Seria pregunta, borroso azote de un viento sin porvenir.
Mi hoy ha de ser un rastro de pasado intransferible,
un fuego hace tiempo consumido, dulce ardor
no convoca hierbas de esperanza.
Final donde fracasan los esfuerzos por rescatar
los cuerpos calcinados por la lluvia errante.

Cuervos en el crepúsculo

Cuando los cuervos rechazaron tus ojos, hubo una disputa
con los perros insaciables del sueño.
El silencio imponía barrotes,
lágrimas y gritos devolvían pájaros al mediodía,
anteojos, flores que huyen de un jardín disuelto.
Tus manos ganaban la batalla de la incertidumbre,
desataban fuegos artificiales sin heroísmos,
oquedad de timbres bajo un silencio sórdido,
desafíos de la primavera, tus uñas gloriosas desembarazan
sombras de humeantes consignas,
asciendo hasta las rodillas para salvar un cuervo,
del terror escondido en una taza de café,
ladridos crepusculares, para desatar un pensamiento,
un paisaje de escapada nos ganó un parque,
creo que nos hurtaron panes que rechazaron multiplicarse
teníamos tanta música en las manos, tanta estrella fija
y los aviones asustaban árboles invadidos de aves de rapiña,
ocurrió cuando nuestros pensamientos segregaron espejos.
Ya habíamos conseguido suficiente desnudez
o demasiada claridad.

Múltiplos de uno

Para amarnos solo nos hace falta un corazón,
y luego la ignorancia suma otro, demasiado molestias,
preguntas sin sentido, absurdo aspaviento de vivir, espalda,
un ojo y otras cosas redondas, algunas ovaladas,
paseo de sombrillas cuando llueve en el mes de devorarse.
También nos hará falta desprendernos de las manos,
ah, muchedumbre, demasiado hurgarse,
retener, contentarse con el suspiro de un pulgar lento
o con la estancia furiosa del hermano mayor.
Con apuntar hacia ti, suficiente osadía, cuerpos sin cabeza,
al azar una de las dos prevalecerá en el desdén
o en el error de evocar la ausencia, bello ombligo,
del ano que desata dentelladas, moratones parlantes.

Para ser inteligentes, furiosos, arrogantes,
hace falta cierta matemática, o preguntarnos
cuántas veces nos hemos sucedido
o nos han precedido nuevos cuerpos,
órganos, notas musicales, madera derruída
contra tus nalgas que retienen el humor
de un dedo inocente o que postulan
una inflamación tardía, esas durezas que afronta,
lúdicos ríos de sudor, pueden anegar cactus en el
desierto, anudar lagos o desembarazar muertos
rezagados del primer *round*.

Talón de Aquiles

Después del azar de encontrarnos cometimos el error de convocar a Cervantes o expulsar a los Clinton de nuestras ironías. Dios, cualquiera que fuese su identidad, reprimía las dudas sobre los puntos cardinales. Habíamos abierto un lago para navegar con anchura hacia un territorio perdido o un misterio.

Nos hicimos al azar, a la moda, casa de espíritus, hablar por los codos, ocultando el ajedrez conyugal, una consigna, la idea de una eternidad, puesto que harían falta papeles de inmigración, certificaciones, promesas, sellos de tinta china y teléfonos para descubrir una zona del intelecto, o un reducto olvidado en la espalda, el mapa del infinito, luego abandonar a Cervantes y recurrir a ciertos momentos de Quevedo o de Góngora, subastarlo ya no tenía el mismo sentido que situarlo, mejor sacar el perro despacio y luego de improviso, meterlo en el patio de correr, en la sala de recibir suicidas, hasta el cuerpo hablado no responde a los tabúes de un lenguaje, al romanticismo de las diarias omisiones, rumias, puro gruñir, suele actuar motorizando nuevas contorsiones, al calor de una queja o de un grito, se desprende de las convenciones, por eso coquetea con el poema, las extremidades pueden consumir el mar, desatar un diluvio si descubres sin querer talones, tobillos, el suspenso de los puntos, afirmaciones, o negativas decretadas, un sorteo legal.

Vamos hacia una calle llena de helados de vainilla, frutas, malecones falsificados o juegos a encontrar un punto escondido en el final de los glúteos, por debajo de los pezones cubiertos con cadenas oxidadas y lunares, de la frente protegida por boinas que cambian de color o vendas, según la hora del día o del árbol.

Amor en bicicleta

El suplicio le venda los ojos, condenados por el placer,
los amantes proveen clavículas, migrañas,
/no administran el tiempo,
la noche felina desentierra un orfelinato
/y le incrimina la otra cara del vacío.

Diariamente caen alfileres sobre su claridad, bombas de humo,
incienso. Una bicicleta rueda sobre la tarde en busca del amor.

Se perdieron puertas, dura demasiado el sol,
/tardan lunas los cuadernos,
vuelven más estrellas a convocar el salto,
/la jornada de escondernos
acaricia una brújula descompuesta.

El empeño en destruirnos inaugura suplicios,
/alumbra sus cadenas,
un surgimiento de hogueras sordas devuelve un perro desnudo
y la mañana desenrosca bastones   para caminar a la redonda,
rodar entre corredores ciegos o niños
/que bordean un río irrespirable.

A mitad de la razón alguien dinamita el silencio.

Desaparece devorando un piano, sorteados
/por una libertad absurda
y esa lucha con la luz que los vuelve harapientos,
/rabiosamente inútiles.

Hoy perdieron los pies, más tarde el amor consumirá el hígado,

después masticarán los restos de un pulmón risible,
                              /pero no amedrantarán
los rayos taciturnos de esta bicicleta desventurada
                              /que ha perdido el rumbo.

EL REINO DE LAS COSAS
(Nueva York, 2011-2012)

La hermosa nada

deja en frío su servidumbre
devora macetas, sucias hojas verdes y los cactus
ruedan dejando controles en la alcantarilla,
huellas hay que auguran un perfume,
tacones cansados dispersan un verbo,
sobra el dolor reprimido en las puertas,
este jardín libra su última batalla,
el contrasentido pasa, gusanea el temor,
la molienda atiza sus tangas gloriosas,
especialmente ahora la sal impide releer
el pilón de las grietas,
una cintura oscura *chicharronea* sensualidad
 y se me ocurre oler la palidez de este desinterés.

El limón ha prestado su cáscara blanca.
Su falta de semilla miente, este verdor adula,
vinagrea su desnudez,
obtuso ríe el triángulo de las copas
no hay un arroz lunático
gimiendo entre las hojas de esta historia.

Hay una maleza de objetos mendicantes
se redime de ti este poema absurdo
y la melancolía libra sus tinieblas
el viento absurdo ya no trae el mar
solo un diluvio de cosas ridículas y ásperas,
persiste el imperio de las cosas,
royéndonos, devorando noches,
escribiendo una tragedia entre los bordes del mantel.

Hay un aceite que se niega a definir el fuego lento,
una campiña castrada,
el todo anda de ciudad uniformada.
Se acurruca indiferente entre quesos viejos,
y el yodo abre sus gasas.
Las heridas abrieron sus colillas,
inyectaron ciudades derrotadas.
Ahí está el humor de este paisaje ausente,
naves y muertos.
Hay un jardín cubierto de blusas importadas.

Sin crayones no hay romance, pero sudan los palillos,
abriendo vegetan las carnes,
la infantería de Dios se agrupa
lamen su miel estos soldados de trementina hambrienta.

Persiste la mostaza, el diablo rojo escupe hiel sobre la estufa.
Hay labios demorando sus pensamientos.

Hay una hermandad risueña entre el *ketchup*
y el azúcar parda, la suerte toca el labio tibio
del que va a vivir por una hora.

Desfrunce el ceño la lujuria de este crepúsculo.
La gloriosa deja su cornada,
clava un toro entre los riscos.
Pero la suerte acaricia las bolas de este ojo perdido.
Los controles gemelos saborean su sal,
muerden su abismo
las cartas duelen sin morir,
no escriben ni los yo de vaselina
carga con la culpa el poema y sus objeciones
degustan sus cenizas.

El radio ya no piensa, el cortaplumas
saca ojos con sus números verdes.
Y hay rayas negras, nadie leerá
una punta desfondada de las uñas.
El libro ha enmudecido su bolígrafo,
el lápiz se queja de esta absurda
segregación de vacas sagradas
y cuernos petulantes.

Ha enmudecido el grito,
las notas desprovista de canciones
gravitan sobre el potasio.
Pero si eriges reses, libras de papeles,
idilio de lluvia tormentosa.
Hay una parrillada imberbe, pero se puede ayunar ya
y es hora de correr sin quinielas, sin sellos de correo.

Hay constancia del número y pasos,
rugir de leones y larvas.
Acabando una disputa con los duendes de una contradicción,
la denuncia de las cosas ya no oculta sus verbos
sus platos vacíos sangran mantequilla
estalactitas tristes, túmulos hay,
arrecifes desesperados se calcinan.
El rumor no nos priva de más energúmenos,
impera el tiempo depravado,
las horas huyen de su nicho de grasa,
auguran utensilios para depositar autoridad,
y las vasijas traidoras desocupan otra época.

Los refrigeradores acurrucan carcajadas,
huecas melodías, radios
muertos, televisores desolados,

sin contemplación arriba la nada.
Hay una ciudad de avisos, de recibos torvos,
descoloridos torsos
de empresa turbia,
las fotografías alertan abridores de lata,
hemos descubierto un desnudo en los abrelatas codiciosos
un mapa para eructar sobre un torpe encendedor.

Hay consignas tiernas, y logos de mirada redonda ruedan
duermen habitaciones en las chimeneas,
rumian su atropello de ceniza.
La vida más real apura vitaminas en los riscos de este dolor,
en las afueras de esta montaña el llanto cose niños perdidos
el poeta masca gomas,
atesora pintalabios y escupe aserrín.

Las vitaminas ya no me dejan ver el auto,
clausuran sus ventanas estos genocidios.
Y el día amuebla su deslumbramiento,
bajo la hierba prisionera.
Hay un árbol pudriéndose de amor
en el fondo de esta dicha hay cáscaras de huevo
y besos que se apagan en las quinielas de este diluvio.

Hay un pueblo al otro lado del mundo,
vacío al otro lado del yo,
nada puebla el poema de los símbolos cansados de la prisa,
pero hay espectros de canela usada,
dulces clavos arañan el té
anuncian un romance de ciudad vacía,
digna de sufrirse,
aún se pueden abrir las manos y desmentir la sensualidad

el dedo pasa frío para descubrir un calor inútil y arrogante
adiós capricho, hinca tus colmillos de paz,
apura tus muelas
el romance de las cosas ha impuesto su ley.

No sucede, pero me canso de este cáliz y este vino sordo.
Me canso de las letrinas de este cine,
de esta pasión de azúcar parda.
Es que soy una Frida después del accidente,
Un Byron que vuelve, un Lautréamont difamando la historia
de estos quesos sin cárcel, de esta niebla sin humo.
Soy un nombre escrito en el vacío de un hospital limpio.
No me canso de ser tigre y hombre, mujer y pájaro.
Tampoco soy el dardo furioso ni la sangre inmóvil del mar.

Sucede que no soy el extranjero
o un negro descreído de ser blanco de las piedras del milagro.
Sobre los torsos lapidarios hay una suerte de balas ausentes.
Soy un yo, un no sé qué, con el tú a cuestas o un revés preñado
vieron este pronombre en la esquina,
los otros soltaron sus colillas a tiempo
y se fueron al cine a orinar,
parieron un sufijo, devorando uvas rojas.
Nunca dejé de podarme el cactus,
pero si el verbo me condena,
libero insectos, libo mis calenturas,
mi grajo goza de alucinaciones.

Cierro las puertas, golpeo cerrojos derrotados
y maldigo un niño tierno.
Si la infamia no existe, tampoco el hombre,

la mujer con el árbol de gusanos.
Me encierro a fumar mis puertas,
mis ventanas y mis quince horas
de trabajo humanitario,
me dejan libre para andar mi cuarto de rodillas,
oler mis orines,
tropezarme con un soldadito de plomo maloliente,
pisotear sobre el silencio de las cosas
que ya no predican
una hecatombe de cubiertos sobre el desierto de esta calle.

Soy el enemigo de la razón, un desventurado de sus dudas,
fui la hora más fiel y el minuto de este bienestar, hoy
me vienen ganas de un adiós y debo emboscar mis palabras,
los quizás roen, fluye un sí, este ritmo maldice lo
superfluo, desenrosca poses, el diluvio parte sin ti,
tanteo mi día de autopista, mi abundancia de rayos ríe,
carece de su luz, irrumpen las cadenas de este árbol,
salgo en busca de mí y el dolor hace fiesta en las encías.
Me imperan estas seducciones, la codicia de desvivirme.
No me lanzo por un puente, hay turistas italianas.
Llueve cuando remontamos la luz, la luna curiosea.
Entre las ligas negras, disparan yemas putas, suenan cables.
Es mejor dormir en un cable y cruzar la avenida,
sostener un cuerpo sin saliva, una oreja erizada de oírse,
atesorar pueblos perfumados, abrir ojos sin alcancía,
derretir labios si no ladran los perros de este encierro,
denunciar una orquídea, afeminar un balón, liberar el cerco
de sus piernas más genuinas, de sus puentes filiales
y pervertir por una hora estos reclamos, la lluvia revolotea
su sacerdocio y acaricia inexplicable esta sombra.

CANTO A LA CIUDAD QUE NOS HABITA
(Nueva York, 2012)

Si galoparan uñas sobre el lomo sangrante,

mientras corremos sobre el corcel de esta orgía, una ciudad piadosa nos concibe, nos pare sobre la acera, rompe fuentes de alcohol para lavar las persianas de esta mañana en los talleres, libra perras batallas y nos deja arrastrando una jaula, una pecera vacía, una orquídea furiosa a la hora de un adiós novelado sin lanzar un *strike*, muda sus televisores y descuelga sus cajas mortuorias para habitar una calle, tanto se deshace al tocarla, sueña deshacerse, grita desde el no lugar, aúlla como una cucaracha bilingüe, libre y soberana, dice ser ciudad y nos lleva en el tren de los silencios fraternos, en el limón desbocado, en las limas castradas beso sus pezuñas suaves, losas atrincheradas en el sueño, *la montra* grava sus monedas frías sobre los restos del *antifreeze*, lanza lodos para ahuyentar ratas aladas, rumia y corre para llegar a tiempo al Jamaica Center de esternón rodante, queda en ristre para iluminar una palabra sorda, la serpiente ciega entra en el mirador de los patios derogados por esta invasión de moscas limpias, su lastre transparente agita una triste pubertad, cargas y deshechos hicieron falta para terminar la semana de los siete condenados al reloj, dispuestos a llevar a treinta la esperanza de este orgasmo.

Si la ciudad leyera a Machado

o se acostara desnuda dialogando con Baudelaire, apagando los candelabros, mordiendo peras y rascando la pared vacía de preguntas que no tienen respuesta, tal vez vendrían los hijos ausentes, ninguna ciudad adolece de puterías más gloriosas ni de perrerías más augustas, solo de genitales sordos y conos que se dicen en voz alta, si pusiera flores sobre la mesa de los pájaros vendrían a morir más alas y menos pechugas, más ron y radios apagados para siempre, habría una noche dispuesta para desamparar los dardos que nunca dan sobre los senos de la ciudad ni el ombligo tendría piedad de los que piden una orgía ni de las piernas que se queman bajo las llaves de una estancia tuerta de ganas, aumentarían los gritos de los melancólicos de un dedo bravo, vendrían cuervos a espantar el sueño en el sillón, para tanto infierno no hace falta río ni quesos que se venguen de esperar el santo juego.

De todas las ciudades visitadas

hay una dispuesta a enterrar los cuadernos con prisa académica y sin misterio, no hace falta bachata en el batey, merengue en el velorio o un reguetón parido de prisa en una bodega lapidaria y mucho menos un concierto de Tina Turner o una anécdota de ladrones veraniegos que se enfrían en otra ciudad o cadáveres que vuelven a deambular por Ámsterdam o sonreír desde una morgue del distrito azteca. Puede y es posible que lo haga, ahogar un bolígrafo robado sin querer queriendo, perdonando el chiste y lamentando el gesto civilizado, pero allí solo leen suicidas perfumados a lo *Gianni Versace*, con caimanes rotos en la orilla de este lago, pero leen también prestamistas por el celo de sus cuentas, leen loros, vomitan un rosario para los que todavía tienen ojos para leer un testamento, manos para pesar el papel de hilo y acariciar una letra prestada sin ningún interés.

ALKA SELTZER
(Nueva York, 2013)

¿Quién nos defenderá de amar a Martin Luther King?

¿Quién nos salvará de volver al depósito de huesos frescos, para exprimir las naranjas del árbol de la fantasía, debimos alzar las manos y correr tras las tumbas alcoholizadas, atontados por aquellos carritos crepusculares de progreso insoportable, donde se ha desmantelado la ternura en los bolsillos de los miserables?

¿Si hay noticia todavía, quién nos defenderá de los que aún buscan Narciso? ¿Dónde están las Tablas de la Ley de los jueces que trabajan arduamente para condenar nuestras sombras, de los policías que no duermen rebuscando entre los verbos que hacen falta para conjugar el gatillo más alegre del mundo, aunque sea mejor la ternura de aquellos que nos aman demasiado?

¿Quién soy yo para invocar los lápices

cortados y la tinta indeleble de los que huyen hacia otro estante vacío de verdad, vigilado por la elite más romántica del mundo, han venido a buscar lo suyo, salieron en pos de los fantasmas antipoéticos de la gran poesía escrita en los salones de belleza, descifrada en los vertederos del malecón sentimental de la desesperación risueña, allí le sacamos punta al lápiz más presidencial del mundo?

¿Quién nos defenderá de los pronombres autoritarios, del inefable usted y de la proximidad soterrada en los jardines, o del cómplice nos, siempre listo para la cita promiscua del hotel del día? ¿Quién dirá: ahí está el defensor público de la opresión amancebada en las caries de la neblina, crepuscular, cuando el terror divide la ciudad para comerse los lápices de Eduard Snowden, perseguir la retórica inquietante de Julián Assange? ¿Solo hace equilibrio sobre la línea ecuatorial de los secretos?

¿Quién promete clásicos para el aburrimiento del buen gusto?

¿Boas tradicionales perfumadas de locura, los suicidas dormidos religiosamente en el acto higiénico de besar el rostro orgásmico de Dios, la ferocidad del lobo ya no ostenta la banda presidencial del pudor? ¿Las víctimas aúllan sobre las montañas de todos los dolores, sin interrogar el paisaje?

¿Quién defenderá la crápula imperialista del gran paraíso mundano, de los animales alineados a la hora de firmar la defunción de un país, si hay una hora de juicio para los que defecan sobre las flores de una ciudad empecinada en su perdición?

¿Quién nos defenderá de una compañía de carteristas juiciosos, de juramentos bíblicos, y de un consejo bajo los inciertos tambores de la ausencia de tantos apóstoles dispuestos a vender sus bolas por una pasarela nebulosa, de vaginas carcelarias, tetillas grises de un imperio sin barberos o existieron, o eructaron por un pensamiento disidente, vacío de interrogación o una disentería rosada, no iban de la mano de los imperialismos concentrados en la soledad del Gran Nobel de la Paz más diversa o de la multiplicación de los trogloditas del sentimiento?

¿Por qué apesta tanto esta comedia sin interés tributario?

¿Quién nos defenderá de permitir que ese olor invada las recámaras de aquellos que todavía piensan en su cómoda soledad?

¿Quién dialogará con el socialismo utópico empedernido que no sale de las redes de mercadeo imaginario para vivir eternamente? ¿Hay amor más virtual que perder la patria y no preguntarle al cerebro si tiene boca para eructar sobre la saliva de las botellas vacías de una caravana infiel o si huelen bien las extremidades de un examen del sobaco?

¿Qué desgracia que yo no sea la última minoría del silencio? ¿Qué torpeza divina y mostrenca que yo no haya sido el blanco de las obras de caridad oficial, privada de sus glúteos o el doble singular de esta militancia en la caída?

¿El camino a la independencia padece de decolorantes apropiados o es insípida su proclamación? ¿Qué sinsabor emigra de todos los pasados para destruir un reír deficitario de futuro? ¿De qué imperialismos padece la independencia de esta isla fragmentada, de este mar que baña la distancia de interrogaciones? ¿O hay que huir para pensar en la desventura del glamour?

¿Por qué amenazo descender hacia mi propia sombra?

¿De qué Mesías sufro? Nadie puede curar este delirio sacerdotal, ni sepultar un Mahoma alegre en el horizonte denunciado. Arriban Yorubas y Mandelas del gran sur africano, marchamos de nuevo hacia el pretérito, en busca de un *Llanero solitario negro* nunca ha estado en Harlem, para sospecha, ahí está el tan necesario George Washington, hay un puente lleno de pavos congelados, muy lejos del nunca jamás, de los quizás almidonados o del lúgubre sí de *un labor day parade*, las ganancias no se dividen en pedacitos amarrados con alas de *murciélagos*, nunca vendrá un Mayo de esperanza tonta ni caricias tributarias de la narcocracia universal? ¿Por qué me doy el lujo de morir tan lejos y vivir tan cerca?

¿Quién nos defenderá de la laboriosidad racial de la inteligencia usurpadora?

El colonizado solo cumple órdenes superiores, la primavera eclesiástica del estómago vacío le pide orden al patricio, la sabia inteligencia degenera en la sonrisa. En la caricia pretérita de las mariposas silenciosas, aguarda un jardín devorado por el amor, vanidoso de arder en su cera.

Mundo mercenario, por la puntualidad sospechosa de los sordos y la limpieza en las paredes. El petróleo llega a tiempo a las calles y las luces encienden su heroísmo, aunque haga falta el espejo de la angustia.

¿Hay democracia en leer de rodilla el salmo de los condenados? ¿Quién nos defenderá de tanta gloria universal, de tanto laborar a favor de un turismo en ruina?

Aparta, mundo sordo, la ceguera que te impide dar cuenta del cáliz de los ángeles adúlteros.

Dime una vez más, quiénes nos defenderán de un presidiario,

acusado, vilipendiado, derogado, condenado a su embajada ¿Quién lo dejará entrar entre esos infinitos metros de libertad, si todavía le dicen Julián Assange? ¿Quién nos defenderá de aquellos que encierran un pájaro en la cocina de un barco inmóvil, si todavía vuela entre los muertos enjaulados por la ilusión? Dime ahora, gendarme, abogado del diablo, contratista feliz, soldado civil, agente del viento, legislador de la muerte, ¿por qué este condenado no ha dejado de ser Edward Snowden, si aún vuela entre los barrotes de las estatuas derribadas? Un nuevo periodismo ha emergido de la podredumbre.

Si el amor llega a la agenda de la semana,

¿dónde está el anzuelo del día? Lancé el arpón y solo levanté el ojo de un suicida, la mano de un poeta perdido en el paraíso.
Si mi casa es tu guarida, escóndete.
Mis brazos son el camino, pero tú debes ser el final de esa ruta dispersa donde acaba el todo.
Los árboles ya no perfuman la mañana de la libertad.
Los miserables solo tenemos la dicha de escribir epitafios desde Jamaica Center o desde el Brooklyn Bridge imaginado en el Bronx.
Las cartas han desaparecido de las agendas secretas del colonizado.
Hay diarrea barroca y correos que aguardan
por un destinatario se descubrió el enigma:
las mesas vacías de los puertos del batey académico
ya no son fluviales.
La primera noche de amor pinta su espalda arruinada por las uñas de María Auxiliadora.
El recuerdo de una lengua salobre adolece de su desventura un dulzor medita sobre una playa
tan remota como el origen del viento
aunque el horizonte sea el límite de las últimas flores.

EVANGELIO DESECHABLE
(Nueva York, 2016)

Rocío del despertar

Y a ti, anónimo ser hecho de palabras mundanas, por dedicarme las manos de la madrugada, ese sentir de huesos soberanos y señal de un cielo que todavía ostenta el manto de una estrella fija en la ternura. Es una madrugada salobre y dulce para caminar sobre el rocío de un despertar de hierbas negras que no pueden interrogar los pies, si no saben la ruta bochornosa y absurda de las escaleras que esperan. La masa aguarda esperando un café prometido a los rieles. Mi corazón no puede caminar hasta tu cuerpo, pero puede aún oír campanas, cuando tus palabras socavan el silencio y lo maldicen al pie de una cruz.

Primera de corintios doce: veintiuno-veintidós

En el diálogo sensual de los sentidos nacen ojos para la ofrenda del decir y hay hojas sostenidas por una mano ciega. Yo ostento los ojos de su piel, cuando la negativa del placer precisa de sombra. El tacto tampoco tiene cabeza para la meditación de los pies. A la hora del deseo, los pies se descaminan sobre el pecho del primer sacrificio. La boca ora sobre la dureza de la cruz. El Señor de todos los idiomas traduce la virtud de una brújula cuando arriban barcos. Él dice: No tengo necesidad de vosotros, pero soy el refugio de los miembros de un cuerpo. Premio a los más débiles con llamas ardientes de una sabiduría textual.

Un poema para Berta Cáceres

Me fascinó mucho lo que dijo el pescador de Galilea:
Ya no puedo caminar sobre las aguas ni humillar a los
pescadores de arena. En Flint, Michigan, los peces tampoco
se multiplicaron. El terrorismo ambientalista aguarda
con la última sorpresa de marzo: Berta Cáceres no perdió
sensualidad con su partida inesperada hacia un reino maya
del más allá. El romance de las flores sin abejas vuelve a
sacudir las calles de Honduras de este marzo doliente del
2016. Ahora creo que hay que apagar las luces pero antes
acusar de ingratitud a quien baje la bandera y dejar que la
humanidad descanse del tedio de los himnos nacionales.
La arqueología colonial salta todavía sobre los caballos
mansos de la nueva hispanofilia fronteriza.

Pasión electrónica

Es que cuando me dejo seducir por el pecado original del exilio electrónico, el Señor viene y me convence de regresar al paraíso irracional del calor y obedezco sus órdenes de eternidad patrimonial. Él, que lo sabe todo, sin haber conocido la última revolución tecnológica, viene a mi lecho y me arrastra hasta una burbuja tropical. Me toma una foto. No entramos en *Facebook*. Hace un video de mi sufrimiento, pero no lo comparte ni siquiera con Judas. Me toma por sorpresa. Lo siento respirar dentro de mí. Él, políglota, domina todos los axiomas del sentimiento y la emoción, revisa mis deudas y me ayuda a poner orden en la falta de crédito en la geometría de la mirada. Después, descifra la adoración de mis lágrimas. Entonces su olor grato me permite entrar desnuda a sus Atrios, pero no me mira con malicia como el narrador de esta historia. Solo me toma de las manos y me permite sentarme a sus pies para ayudarme a purgar mis ansias de supervivencia y, como yo soy otra Magdalena masculina, decido recostar mi cabeza sobre sus rodillas para ser perdonada por todos los pecados que no he podido cometer. Entonces, el Creador me pasa las manos por la nuca para que yo sienta que no estoy sola y no oponga resistencia. Y me entrego a su recuerdo.

Primera de corintios uno: veintisiete-veintinueve

Y no fue verdad que lo necio del mundo escogió Dios
para adecentar el paraíso. No pensó en lo débil que soy
para reivindicar sorpresa en los incautos con una hora de
sabiduría táctil. No he podido alcanzar la dicha del temor
a su ausencia. Ni siquiera alabé su gracia de crucificada
histórica. No he reconocido el purgatorio de su más
íntima genealogía testamentaria. No me ha mostrado el
rostro de mi amada ni el olor de las flores que huyeron
del paraíso para avergonzar a los ambientalistas; y lo
débil del mundo escogió al que ve desde los ojos de una
iguana, para sorprender recelos en las manos que dejaron
un cuerpo desterrado entre burbujas de piel dura que no
desconocen su amor por el pecado. Para avergonzar a lo
fuerte, erré hacia un dolor imaginario; y lo vil del mundo
tendió celadas inútiles y lo menospreciado escogió al que
sabe demasiado de lo fallido del mundo, para confundir el
orgullo en la piel del miedo, y fue la dicha del pelo suelto
y la sorpresa de un piano que no delata tanta sensualidad
curiosa bajo aguas internacionales. Solo despeja un
clamor inteligente, sin memoria ni miedo a la esperanza
para deshacer lo que es, a fin de que nadie se jacte en su
presencia de haber poseído su sombra.

Evangelio desechable

Soy dichoso de oír la ausencia de un te quiero cuando falta dirección en el destino. La pretenciosa fertilidad de las dudas, corteja una noción de anzuelos imperfectos. Discriminan si tu boca sabotea los mares, o si tu cuerpo flota para salvar la hora fallida donde las guitarras piensan saludar el mediodía, desafiando a quien espera cruzar un puente de juguete, para luego guardarlo en el bolsillo más pequeño de este día en bancarrota.

CEMENTERIO SONÁMBULO
(Santo Domingo, RD, 2016)

Primera parte
1

Si de verdad quieres exponerte al peligro existencial de este reciente hoy, o ser cazado como un ave migratoria en proceso de extinción, solo tienes que trabajar arduamente, saltar sobre estos corredores internacionales, izando la bandera del progreso. Para auto engañarte, toma serias precauciones contra el olvido. Explora las restantes turbulencias.

5

Voy a renunciar a ser contemplado como el que huye hacia conjugaciones intransitivas. Sospecho de los adverbios de cantidad. Hay que sacudirse de tantas mitologías agresivas. La de Dios ya no es un enigma deficitario. Hemos dejado de hablar con autoridad de nuestras miserias. Este clamor es una orgía silenciosa.

10

La literatura del deber le huye a los espejos cóncavos del mediodía. Siempre hay un motor que desarma a los esclavos de la fantasía de una noche de muelas laboriosas. Las espadas de la posmodernidad inauguran nuevas migraciones hacia la prehistoria de este Cementerio Sonámbulo.

15

Buscábamos un premio para estupidecer nuestras ansias o jugar al suicida que se muerde los labios en un aposento donde los libros duermen mientras se trasnocha el bohemio más peligroso del mundo.

20

Leer un poema es más peligroso que oír al vendedor de metales caprichosos pisar sobre la arena para escuchar cómo la nada desafía los sentidos. El mar ofrece menos peligros que volver a comer pan de fruta al final de un poema.

25

Si me voy cualquier día hacia otra frialdad debe ser porque aquí se agotaron todas las estaciones. El verano es tan irreconocible como el fraude de una pared descapitalizada. El sentido es el triunfo del sinsentido. Parto de una isla que ya no está rodeada de fantasmas. Ha sido interrogada por la miseria y se refugia bajo el silencio de un poema como una mensualidad desacreditada por la utopía de la razón.

30

No tiene sentido vengarse de los que se van. O cuestionar su regreso. Ni ajusticiar al que se fue en busca de una deportación menos monótona. Le tiene miedo al desamparo. Entre estos valientes hay quienes tomaron bajo control una calle húmeda o una falda rebelde. Defendieron heroicamente sus banderas. Protegieron un escudo colonial sin saberlo. Fueron tan Rosacruces como *Los Trinitarios* de 1844. Otros pintaron las paredes con imágenes de los caídos o hicieron un túnel para llegar a casa.

35

Si es divertido morirse, escribe un testamento deficitario. No permitas que los sepultureros hagan trampas con un fémur dulce, un índice que no ha muerto puede ser una señal. Tómale el pulso al ojo sorprendido de estar vivo. Ve pagando con antelación por tus huellas digitales. Si asciende una hoja, interrogamos las raíces de otra amnistía. Oblígalos a hacer servicio militar mientras te miran, mientras huelen tus harapos o maldicen la falta de madera en el descanso o la desnudez del cuerpo lúcido que solo puede ser descrito como una estación propiciatoria.

40

Cada vez que me levanto, me asusta la alevosía de las carabelas que invaden la casa ignorando que hay otras que no conocen la confinación de un ropaje. Inaugura una orgía de mutaciones incomprensibles. No cuestionan la superficialidad de aquellos que no duermen abrazando la cuenca dulce de un mirador lleno de campanas.

47

Aviso inminente: Se busca un cura entre los secretos de una velada mortuoria que es un lujo de Estado. El Viacrucis ha huido de la apatía de las paredes y el nicho vacío es la casa del futuro. Aquí solo el muerto mira su osamenta desocupar la causa del olvido. Hace falta una sentencia para nacionalizar el sufrimiento de los que se fueron hacia un destino desconfiado.

Segunda parte
Exhumación poética

Estoy triste.

Presumí que era diferente a vosotros. Quería mentir de igual modo y ser sombrío y petulante, pero no me dieron las fuerzas para tanta imaginación corporativa. A mí me alimenta una vagancia fértil de algún gueto subterráneo. Ustedes no tienen toda la culpa de mi felicidad. Caigo tardíamente en una conciencia atroz. Les pedí a ustedes que diesen lo que yo no podía. Pudiéramos celebrar mi fracaso existencial y el éxito de ustedes a la hora de cobrar las cuentas ajenas o de engordar, acosta de este aburrimiento metafísico. Ustedes han sido más audaces en darle sentido a lo que yo me negaba a aceptar como destino del ser. Ya no me abruman aquellos pasos firmes y fieros hacia una libertad inútil de describir en un poema. Hay un vacío libertario entre los delincuentes sorprendidos por una sabiduría intolerable, buena para asustar a los torpes. A mí me empobreció la ética del deber, la moral sospechosa de los bustos que cagan las palomas y a ustedes los enriqueció la contabilidad de una hipocresía dulce. Intuí la belleza de un gesto rastrero aplaudible. Sostiene las cenizas del mundo en pie y la venganza del ser como un heroísmo indultable. Dónde está mi esperanza si soy adicto a la hermosa idiotez de ser feliz. Esa que ustedes arrastran por los arrecifes de estos mares lúgubres. Se ríen de la incertidumbre y luchan por tenderle una celada a mis pasos. Los trenes no me ayudan a escapar. Los caníbales de espíritu huyen al advertir tanta consagración a la inocencia .

Para ayudar a los condenados a la vigilia

Comprar un abreojos automático o contratar un robot seductor que amenace la lucidez de los fumadores con un perfume seductor. Ellos no suenan ni tienen esperanzas. No son bisexuales ni heterosexuales. No tienen hijos ni escriben sobre las lápidas del purgatorio pero a propósito del sueño, he sugerido que ayudemos a los sonámbulos por razones de seguridad. A otros por la vanidad de las pijamas. Pueden confundir las puertas, las escaleras de incendio pueden demorar la llegada de la sangre, la espera de la orina y postergar la materia fecal de la agonía. Hay que repartir el sueño en partes iguales pero mientras tanto, arreglarles camas de hospital en los clóset, traer gallos tapados, trompetas con amigdalitis o donar pantuflas para que puedan leer los reactivos durante la transición de un sueño a otro o leer la composición química del desaliento, trabajar por ellas hasta que la centrífuga haga sus predicciones mortuorias.

Veo notas musicales en el brazo izquierdo de un viajero

Una firma sobre el músculo del brazo derecho. La pared del otro observa peces en las manos de alguien. La memoria diaria es una larga pared inhumana, un cuello pintado con un beso, una oreja dibujada sobre la sombra de un codo, un nicho ambulante, flores ausentes brillan sobre el vaivén del tren que se lleva nuestros huesos hacia el camino impar, donde el tono dibujado ya no está en los nombres equivocados, vuelven seres de a pie, saltan silenciosos los hombros vacíos, las manos monótonas, duermen libres de ardid, tocan una canción que vislumbra su desnudez en el despertar donde otro lleva sus estrellas en el brazo o esconde lunas peligrosas en el pecho o deja inferir un astro cuando sale.

DAKA DAKA DAKA, *DREAMERS* Y EL TREN DE LOS MUERTOS
(Nueva York, 2017)

Daka daka daka

Daka Daka, Daka
Daka Daka, Daka
Daka Daka, Daka
Confía en este amor, ten confianza, Daka
ven, defiende por sueño esta casa, Daka
mi amor, si luchas, venceremos, Daka
Daka Daka, Daka
Daka Daka, Daka
Daka Daka, Daka
Sin justicia plena se va a morir la vaca, Daka
Ay, Daka, tengo piedras en la garganta, Daka
Ay, Daka, dime el mar llama a mi puerta, Daka
Ay ,Daka tengo cadenas en los tobillos, Daka
Daka Daka, Daka
Daka Daka, Daka
Daka Daka, Daka
Si el río blanco ya está en la casa, Daka
qué hacemos con este genocidio, Daka.
Si tengo el cuchillo en la garganta, Daka
para espantar el miedo estoy contigo, Daka
Daka Daka, Daka
Daka Daka, Daka
Daka Daka, Daka
Las banderas siempre pasan, Daka
ya no hay paz sino quimeras, Daka
vengo a darte una sorpresa, Daka
una estrella libre me espera, Daka
Daka Daka, Daka
Daka Daka, Daka
Daka Daka, Daka

Ay, Daka, por qué la injusticia impera, Daka
la cárcel, ya devino en mi tormenta, Daka
de miseria hicieron estos barrotes, Daka
Daka Daka, Daka
Daka Daka, Daka
Daka Daka, Daka
¿Este sueño quién me lo arrebata, Daka?
¿Dónde se esconde mi mamá, Daka?
¿Cómo encuentro a mi papá, Daka?
Daka Daka, Daka
Daka Daka, Daka
Daka Daka, Daka
¿Dónde enterraron nuestros papeles, Daka?
¿Dime, quién controla la esperanza, Daka?
Dímelo ya, esta es mi casa, Daka
Daka Daka, Daka
Daka Daka, Daka
Daka Daka, Dacka
Ay, Daka, ya no soy simple estaca, Daka
Apúrate, el dolor es el que manda, Daka
Ay, Daka, desconfío de este muro, Daka
Daka Daka, Daka
Daka Daka, Daka
Daka Daka, Daka
Si esta vida la destinaron al amor, Daka
Vivo de la libertad de ser el fuego, Daka
Que vuelen dichosas las palabras, Daka
Daka Daka, Daka
Daka Daka, Daka
Daka Daka, Daka
A confianza, ven conmigo a la Marcha, Daka
Sin tu fidelidad ya no tengo esperanzas, Daka
Si luchamos juntos, lo poco será mucho, Daka

Daka Daka, Daka
Daka Daka, Daka
Daka Daka, Daka.

El tren de los muertos

Para entretener a los muertos
el tren dibuja una ciudad en los dos fondos
el que me dejó partir hacia abajo
en la 7ma Avenida pintaba colchas
para los que han de morir en un invierno hipotecado.
Otro trae nostalgias de la estación
donde los cuerpos se vuelven obras de caridad.
Las arterias crecen, hay várices donde besamos la herida.
Hay un poema que muere en los pechos
pero los cuervos dulces pasan
picotean los alfileres de la momia sensual
porque la ola de calor consumió el ombligo
moríamos en las playas y en los parques
o sobre el mueble de un hotel funeral
donde mi hija tuvo varias experiencias
con la muerte o con la música
que es otra forma de morir con una nota musical
atrapada en la garganta
o una guitarra que fue la guerra o la paz falsa.
No llegamos a Egipto a tiempo
ni a los rollos de un cumpleaños.
Su primer álbum de fotografías que
fue sepultado en el mar muerto del Bronx.
Entonces desapareció el fotógrafo
arribó un gigoló hambriento
con dos niñas muertas
y una madre ausente
que también cuidaba a dos niños muertos.
Volví a sospechar que era mi hija
al final de un día de graduación de *dreamers*

aquellos *dreamers* que vuelven al cementerio
de una escuela inútil.
Los estudiantes han perdido la confianza en la vida civilizada
los maestros solo tienen vocación para morir
no sabemos del sentido de esta conspiración
ni dónde se oculta el Daka de un acuerdo
con azucenas indiferentes.

LA ISLA INFINITA DE LOS *LOLLIPOPS*
(Nueva York, 2018)

Odisea de *lollipops*
A la gran poesía mundial de Tierra firme

El mar se despertó airoso con otra crisis de herejía boba. El señor de la justicia aérea no sabe, si las paletas del despertar tienen un inminente destino de saliva. Anda lloroso el refugiado, la pulmonía gime, al advertir un juicio de ventanas, intenta descifrar la misteriosa piel del viento. Hay una marea portentosa sobre la basura del rompeolas. El viento zumba arenas multicolores. Hay crustáceos alados aferrándose inútilmente al deseo de un ventanal húmedo. La espuma del horror golpea. Un recién nacido avienta ubres de vacas alcoholizadas para atormentar a un patriota sin sentido. Mi esternón descubre máscaras mojadas sobre el limo perfumado de ternura acuática. Advertencia para los enmascarados de la independencia: se avecinan barcos sobrios con piratas mansos para calmar el deseo de probar las algas sagradas de un sortilegio. Un chupete anfibio flota sobre la orilla peluda de un triángulo abierto a la interrogación. Hay un compás de espera reviviendo un beso en la sombra. Veo el argumento sordo de una bola solitaria. La tierra sigue friccionando el azul humeante de una lluvia inconsciente. Flota la caricia de un suspiro torrencial. Un arrecife ahogado continúa buscándote. Toca las puertas de la perdida ciudad. Una caricia anónima deberá llegar en el primer salvavidas perforado de un fémur sin brújula. Su color negro sufre de pintarle domicilios al silencio. Un águila desorientada posa hambrienta sobre la boca de este purgatorio ridículo. Una llanta alquilada paraliza las dunas de este desierto cuestionable. Ahí está el mar, sirena descapitalizada por el adiós. Préstame el hilo dental de este fondo subversivo. Suspira agridulce un arenal piadoso.

Al sorprender las aceras, nos asaltan pilones redondos que promueven el lujo de una paz falsa. Viajan de boca en boca, sin pudor ni sentimiento, por la bahía de un clítoris crepuscular. Los barcos varados sobre la brisa pierden banderas. El rumor nunca despierta una isla infinita llena de *lollipops*. Reviven con un *flash* atascado entre las piernas. Flotan sobre la lluvia inmóvil de la espuma indiferente a su destino.

Pesca de *lollipops*

Busco una infancia temerosa sobre la basura heroica del mirador del mar, cuento olas arruinadas, describo olas sórdidas para el consumo de números borrachos, advierto el vacío rancio de las botellas de cerveza, el caprichoso mar trae colillas mojadas y pintalabios lentos, flotan latas oxidadas de Coca-Cola fría, arriban golosas preguntas, busco mi infancia y no está el compás de la desesperanza, isla confinada entre parques desolados donde flotan pilones demorados sobre una marea de basura risueña, no se pueden reciclar estos regresos, adolecen de pantalones cortos, desentierran muelas tibias de cangrejos brutos, no conocen más ruta que el retroceso hacia una vieja vanidad, se alzan heroicas interrogantes sobre el primer derecho a ocuparla, se puede sentir la perfidia de su plenitud, la insostenible suerte de estos *lollipops* flota sobre la basura suicida de este mar travieso, interroga una inundación de promesas falsas, y entonces flotan cámaras, fotografías de una travesía absurda, donde nada puede apresar tu recuerdo.

La isla indivisible

Cuando arribo a la isla indivisible, a una isla imposible de romper en pedazos, dejo el centímetro, olvido abrir las manos para contar las cuartas de propiedad y la cuento a partir de las frutas prohibidas de los cementerios felices o los crematorios húmedos donde gime un muslo o delira un sátrapa o ríe un héroe, inventado por las redes del infortunio. Nadie coloca impermeables sobre las ruinas ni prohíbe navegar a través de las calles antiguas, inundadas para salvar el sombrío negocio del estupor de las estatuas que liberan las tormentas de un engaño. Tú no estás oliendo las algas del basurero donde se aman los locos. Solo tenemos unos cuantos acantilados para medir el tamaño de la dicha sobre una Tortuga sin memoria. Arrastra tu alegría furiosa hacia un nicho desechable.

Pabellones inteligentes

Esta es la lluvia de otro viernes social. Nadie sabe por qué hacemos quórum para sumar nuestra sombra a la alegría del enemigo. No hay un solo alguien que decida quedarse en casa sin tomar el tren de las dos líneas, el gusano limpio que militariza el orden. Todavía parecemos niños de tetas tiernas o corredores de bolsa corriendo a ocupar los asientos de la desocupación angelical. La misma llave da servicio de entrada y salida. Todavía no leemos ni dormimos en aquel refugio ambulante. A nadie se la ha ocurrido esconderse en sus cavernas ordenadas. De la modernidad cutánea ostenta el récord de un terrorista anónimo. Yo tampoco recuerdo la fascinante lluvia de este viernes social, para ignorar los discursos atrincherados bajo las carpas, nos dedicamos a limpiar nuestros tenis de marca y a rompernos los pantalones para leer mejor el zodíaco. La lluvia atestigua una prueba de devaluación de los paraguas. Pasan frente a los galpones del Paraguay, país invitado a la feria del libro de la Atenas del Nuevo Mundo. Hay que limpiar la caca que dejan las palomas para salvar el *flash* de esta historia de aburrimientos deliciosos.

Deja flotar el archipiélago del pecho

Mujer enferma, espérame en una Sala de Emergencia ambigua para saber si resucitas en un Psiquiátrico, besa los oídos sordos de esta tormenta isleña. Sufro del vertedero del rompeolas o de un sofá lleno de cangrejos. Miro hacia el mar y la brisa deposita la saliva pegajosa de un pulpo travieso, empeñado en investigar los impuestos de un beso o la leche que espera cuando hay un lambí insípido para engañar aquella tormenta migratoria que el corazón no puede prolongar. Llama a los doctores de las leyes desechables. Me duelen los cartílagos, la lluvia embustera y salobre no despierta la clavícula ausente y el himen aún habla de paletas en colores, hay suficiente lluvia para contar islas caprichosas que desesperan el alfabeto. Deja flotar el archipiélago del pecho, nada con los órganos enmudecidos por esta primavera inteligente, respira el yodo de la agonía digital. Sufro de aquellos acantilados que no desmienten las ruinas. Solo quedan las calles más antiguas de América para saber dónde están los asilos que aprisionan el amor.

Los *lollipops* de mayo

Después del beso que tengas mucho más
que un buenos días sostenible
o un hasta mañana sin fin,
mucho más que un tal vez
o un te quiero con lluvias torrenciales
para culturizar el bello matadero de la libertad
o un insulto dulce para contradecir
el sentimiento de la espera
Ya no doy muela para perecer de ilusión.
Olvidar me es indiferente
como morir con una copa de vino
listo para fotografiar una rosa
o desechar el turismo de las catedrales.
Para preservar el sentido común
digo punto y aparte si todo es memoria.

¿Por qué no hay para siempre al final del grito
una coma prestada que ya no anuncia pausas?
¿Para qué hablar del silencio de mamá
si ayer pasó un año del penúltimo 100?
Un día ya no es una pausa.
Ni siquiera el adverbio sufre de ser hoy
viaja en un tren lleno de ayeres
vacío de islas llenas de *lollipops*
paradas sobre el vacío que no asume
la identidad de otro punto y seguido
Pongamos la gramática a un lado y
dejemos divertir el extraño enigma
de partir para revivir un idioma
que ya no es eficaz para cortejar
la estadía de muchos adioses

Góngora en motoconche

¿Qué palabra vendrá a sacudir
el cuaderno de tanto fingir
de tanto alzar vuelo para masturbarse
sobre el vacío de estas pausas traidoras?
¿Es que tenemos que extranjerizarnos
para alcanzar las ruinas?
Y subir las escalinatas de la otredad
bajo un pregón lineal de sofocante alegría
si el amor marcha contra los días de tienda
y consume los altares.
Yo amo los días de trastienda que espiritualizan
el cazabe y endurecen el ajonjolí.
Mi musa escribe, yo medito el viaje
hacia los jardines de un cementerio dulce
donde hacemos el amor
en honor al aplauso absurdo de los aviones
que nunca aterrizan.

EL PAYASO PERVERSO
Poemas para una imaginación antibélica
(Nueva York, 2018)

La gran marcha por nuestras vidas
En honor a March for our lives marzo del 2018

Ya arriban lápices tristes arrastrando un cadáver,
mientras se desangran tus cuadernos, escuela,
la nieve grita el horror de este homicidio.
Entonces saltan libros sedientos de una ofrenda baldía.

Sobre la hierba espera un niño muerto.
Lejos relumbran velas encendidas
y puños cerrados.

Soporta, Parkland, este humor invertebrado,
caen de rodilla escuelas invadidas,
quirófanos lapidarios demolidos por las bombas,
hospitales de una guerra de juguete
consumidos por los reyes del petróleo,
los vicios mundanos paren un inmundo robot,
siento un rumor de fórmulas matemáticas
que solo sirven para destruir un jardín
o clausurar una ventana.
Llora inconforme el mapa de una geografía insostenible.

¡Ay, Siria, donde estudiaremos la siguiente verdad
los restos de otra incertidumbre desechable!
La educación del placer saluda el lecho banal
de un orgasmo insufrible.
Aún tengo esperanza en un manicomio libre de infortunios,
su desesperación no puede contenerme,
la tumba ambigua de una ética enferma florece.
Un turismo de pirámides de arena sangra delirante.
La utopía juega al monopolio cibernético.

Hay un dolor remoto.
Todavía no le importa al payaso ni a los apóstoles.
Una fila de libros solitarios marcha de prisa
para salvar a los niños de cólera insensible.

En Yemen ya no hay quien desafíe
el derecho al monopolio del horror
frente un jardín de huesos.
La voluntad del profeta ridiculiza
la barbarie de este Armagedón
la dicha plural del imperio
hace ineficaz el poema.
Solo duele Parkland.

Podemos reescribir el deletreo ontológico
de esta civilización inmune a la verdad.
Signos arruinados contaminan
los jardines del paraíso.

No sé cómo vamos a desmentir estos cristos oficiales.
La cruzada arriesga su mejor perfume preventivo
ni siquiera el capital del horror se inmuta.
Vuelven otros déspotas a sacudir la memoria
de este purgatorio de salitre.
El templo de Washington está muy lejos
del desconcierto piadoso
de la gran marcha por la vida.

Lejos aguardan víctimas del destierro,
sueños libios deshechos,
sequías de un enigma oriental,
destrozados para alimentar un sueño.
Nos hemos quitado la máscara del perdón condicional
para afrontar el paredón global de esta civilización arrogante.

Ayúdame a lanzar manzanas podridas contra un quepis.
No hay que malgastar naranjas contradictorias
ni berenjenas sensuales.
Hay uniformes sordos de corazón.
Mejor lanzamos semillas de cajuil
para desactivar las armas inteligentes.
Nadie nos defiende de la promoción de la agonía.

¿Por qué no vivir para cuestionar la tentación de ser felices?
Cambiamos rosas de Afganistán
por pistolas de agua contaminadas
por las excavaciones del mal.

Calenturiento, cae un rocío precoz
de orégano sensual
sobre la memoria violenta de un pito militar.
Te doy una cantimplora muda
por la ficción de tu última sonrisa.
Hay un peluche rojo contra el juego inocente
de matarnos hasta el final
en nombre de los soldaditos de plomo.

Marchamos contra las muñecas tontas
blanquean la piel de las niñas negras.
Celebremos la desaparición de este *daycare* falso,
donde los niños juegan a la fuerza
y piensan desangrando la imaginación electrónica.

Hay una nube de cohetes inofensivos
apuntando hacia el ojo de un lagarto.
El búho ya no hace el amor en la penumbra.

Marchamos contra la bondad estomacal del viejo Santa.
Un reino oriental fastidia nuestros recuerdos.
Ni Melchor ni los otros espías coronados
son inocentes de trasnochar tanta esperanza.
Ahí está esa fila de filósofos rebeldes
desarmados por no haber jugado a tiempo a la verdad.
La historia perdió su última batalla.

Hay un quirófano urgente para los héroes
que todavía se resisten a vivir en la hecatombe
Ríete de las mitologías banalizadas.
Los huérfanos creados por el sudor
de dos cinturas mudas y apáticas.
Todavía se pelean por un brazo roto.

La denuncia de un pecho inmóvil acaricia una cabeza vacía
como deseo de sacrificar un sobaco inteligente
por la recuperación de unos glúteos geniales.
Hay un bobo asqueante para los arqueólogos del placer.
La sabiduría de una niña de 11 años alecciona a un sátrapa,
la sangre de una escuela le habla al mundo.

La desesperanza se cree dichosa de ser una aventura
monolingüe.
La prensa deja cámaras sagradas por doquier
para combatir el aburrimiento
de este día corsario.

Se instalan micrófonos abiertos,
vaginas de juguete y penes solidarios,
alfabetizados para medir la sangre de los caídos.

Marchamos contra la complicidad de la época
antecedidos por abogados del diablo

y depredadores sexuales de estado
honrados por un evangelio apócrifo.

Todavía no es el fin del mundo.
Solo nos defienden de los feminicidios
y los acosos oficiales del circo imperial.
El apprentice de la Oficina Oral,
en lugar de gobernar para el prójimo,
se peina con la sangre de los caídos,
mientras cava la tumba de sus miserias
en el patio de un manicomio indiferente
al desplome del nicho del progreso.

No hay *collusion*
(Canto infantil para *El payaso perverso*)

No hay *collusion*
poco importa si no he leído a Pushkin,
mi amor por los rusos
no incluyó leer poemas de Vladimir Mayakovsky
y no se extrañen si les digo la verdad,
todavía no he probado el vino sagrado de Joseph Stalin
pero doy gracias a Dios y a la sin par *America First*.

No hay *collusion*.
La economía es fuerte
very strong, próspera.

He armado la inconsciencia del mundo
ahora se puede matar legalmente
extendimos la edad del crimen a 21 años
hasta los maestros pueden defender las tizas
con chalecos antibalas y armas justicieras.
El templo del conocimiento
cuida el pedestal de todos los dioses
no soy culpable de tanta sensualidad
amo los tormentos de este desierto lógico
immune a la verdad
sin espejismos peligrosos.

No hay *collusion* en la revolución tecnológica
el impresor Gutenberg no tiene la culpa de sabotear el lujo sacerdotal
su imprenta no tiene la culpa de tanto exilio íntimo
los dueños del capital financiero tampoco.

Hay demasiada inocencia
en los hornos sagrados
de este infierno deficitario.

No hay *collusion*
si cuestionamos la geometría sólida del uniforme
invertebrado
la matemática mansa
de la pasión crepuscular de los muros golosos de *Wall Street*
aún hay ciencia medicinal para la voracidad de todos,
pero no hay *collusion*
no se enojen de más ni de menos
ya la verdad no se puede demostrar contemplando un
girasol
si vamos a desnuclearizar el sentimiento
qué importa la santidad del *establishment*
si detrás de cualquier *Black lives matters*
hay un Barack Obama.
Sin ambición imperialista
no puede haber *collusion*

Este Papa argentino es demasiado progresista
para salvar la civilización
de la piedad del cristianismo
no hay *collusion* en los tal vez
ni siquiera en un quizás ardiente
podemos interrogar el alfabeto de este esperanto
obligatorio
sin la presencia
de un investigador especial
en la promoción de las deportaciones
si hicimos más de doscientos millones
con el éxito cinematográfico de *las panteras negras*.

No hay *collusion* en las camas previas
a la historia del papel higiénico
no hay suficiente desilusión
para llenar el habla
de palabra agudas y absurdas
hay un desfile de moda enfermizo
en la *oficina oral*
no hay *collusion* en Siria
ni en Yemen.
Tampoco hay *collusion* en la destrucción
del medio ambiente
ni en los tirapiedras palestinos
ni en la demolición zodiacal de mi casa
no me duele dinamitar un pino
atacar con un misil una silla de rueda sin usuario
para llenarme los oídos de cemento.

No hay *collusion* si institucionalizamos
una noción de progreso y regreso
sin límites contradictorios
si la poesía siempre fue improductiva
como el lujo de los payasos
y el pasado y el presente
no se entran a puñetazo limpio
hasta que nazca la orquídea inesperada
en alguna esquina de Charlottesville
y no imploremos que la lucha sea a tres caídas
o se desaten las greñas contra la cabeza dura
del *payaso perverso*.
No he leído la ortografía de noviembre
pero no puede haber *collusion*
si el portero del rey de la ley íntima
sufre de ser judío

y no quiere ser filisteo
yo tampoco soy ateo de profesión
no hay sentido pésame
en la ortografía de la palabra *collusion*
y mucho menos en el legado presente de la asociación
Saudita

No hay *collusion* en Parkland
ni en *el kamasutra* del pasado
no hay *collusion* en los condones
sagrados de tanta comunión aterradora
de los crímenes mundanos que embellecen
la nutrición televisiva
no hemos superado el deber
de vivir bajo una riqueza decisiva
no hay *collusion* en las deudas
impagables
ni en las siglas de la seguridad nacional
Pregúntense una vez más por qué
lanzamos repollos putrefactos contra
las cruces baratas de los cristeros lambones y humildes
de un mundo infectado de inocencia
depredadora
no hay *collusion*
no hay *collusion*
si se pudren las uvas de la playa bondadosa
a centímetros de los quesos
de la eterna alianza para el progreso
no hay *collusion* en el *Security Council*
si privatizan el seguro social
ni si venden mi seguro médico
a una compraventa de infamias
no hay *collusion* bajo el viaje del último Castro

ni contra los castrados por la dicha imperial.
No hay *collusion*.
Nunca hubo.
Cristo no tiene tiempo de estrenar.
Su viejo látigo lo pudrió el tiempo.
No hay *collusion*
si luchan las togas contra el monopolio
del nefasto y cordial desfile de moda
cualquier domingo acumula fe insuficiente
rociamos un perfume funeral por si protestan demasiado
me hubiera gustado ser arquitecto
un sinvergüenza importador de gárgolas

Hay que saborear la monotonía
de los corredores culturales
de la opresión hermosa
de la civilización dictatorial
para inaugurar un pensamiento nuevo.
No hay *collusion* si nos aburrimos
del espejismo del derecho romano
o si en la revolución judicial
hay una peste periodística
y si sucede otra retórica en el corazón
de los abogados del diablo
el viejo Marx ignoraba el maquillaje de circo
la insurgencia de un heroísmo necesario.

Lamentablemente la cultura universitaria ha muerto
hay demasiados centros de perdición celebrando
la cultura
a menudo entran en un salón de clase
a observar el cadáver de una hecatombe
reducida a 108 huesos inútiles

y todavía no podemos saber si hay *collusion*
si la retórica del derecho a la vida
no defienden más honor que un panty
paga por los secretos de un himen
hay que proteger el falo imperial de cualquier catástrofe.

Los feminicidios de la ternura
aseguran las piernas de una diva
la verdad legal es suntuosa
inaugura una moda feminista
para ocultar un feto tardío hay placenta humanitaria
podemos prorrogar la deshumanización
de la ternura de las Ligas Negras
de la intimidad del humo
para un secreto de Estado
hay derecho a un *Hábeas corpus*

No hay *collusion*
nunca hubo *collusion*
si desapareció la diplomacia de las aceitunas
de la hispanofilia
si la libertad de prensa fue el mito
bienhechor del desamparo
no hay *collusion* durante este regreso
a la prehistoria contemporánea
sería bueno liberarme consumiendo
el silencio de tanta horizontalidad
indiscreta y coqueta
duele que me aíslen
de tanta degradación incomprensible
puedo aprender a morir rápidamente
hay que defender las habichuelas negras
aunque luego adopte las rojas

y luego me dé con reservar algunas blancas
para una orgía angelical
a lo mejor se pueden rescatar
los restos de la desesperanza.

Ay, *CUNY*, yo no puedo respirar

Si vuelven a vender mis neuronas a consignación, hay un libro de cuentas por pagar para
cuestionar la indiferencia, una tiza virtual, un pupitre fuera del libro y una discusión
uniformada para la paz deficitaria del esclavo observado cada semestre.

Desde ayer el soñador le cedió el paso al creador, el maestro alumbró un suicida. Todavía
ríe si alguien interroga el silencio. La enseñanza verdadera siempre fue ilegal. Y trivial
fue el diezmo y la encomienda escrupulosa.

Todavía queda un salón inteligente para celebrar la dicha del lunes, la muerte del martes.
Hay 24 horas de angustiosa alegría corsaria.
Hay una semana sórdida para aplaudir al que se graduó de ser feliz.

No puedo desmentir esta añoranza de días perdidos y noches borrachas de opresión
corporativa. Esta declaración de incertidumbre no puede respirar.

Ayer fue un martes inorgánico, descaradamente tácito. No puedo luchar contra la
memoria vagabunda de este día gloriosamente infausto.

En los días previos al teatro pedagógico solo se puede respirar un olor a flores muertas y otra sensación petrificada de exhumación poética.

Ya no puedo inventarme la belleza resignada de otro
genocidio para convencer al Papa
de la educación liberal, de que aún puede desistir de
defender mi cocina virtual y el exilio
inmoral de este grito cotidiano.

Sin entender el vacío, aguardo un día para maquillar la
piel en las pizarras.

El minuto de silencio de mi muerte cumplió 6 años, pero
celebro su desmemoriada dicha.
Tiramos la casa por la ventana para que la chimenea
respire el perfume seductor de las
tizas monótonas.

Hoy el pulmón del día adula otra enfermedad inteligente,
inventa un humo sedentario pero
saborea una pedagogía de feliz atrocidad.

Tanto derecho a celebrar el deber, alimenta desilusiones.
Puede llamar a los indultados
del día presidencial. No hay constitución para pulmones
desobedientes ni brazos caídos
para las esperanza anti diluvianas.

Aún no se sabe si queda tinta para resistir el deber. O si el
bolígrafo robado y la tiza
blanca y romántica, avanzan hacia otra colonización de la
ternura o si la agonía del deber
conspira para imponer la hambruna de una inteligencia
miserable.

La paredes proclaman una transparencia perversa pero la
educación no logra moralizar la
apatía migratoria de los zombis que saltan todo el día.

Este progreso genera desconfianza. Vuelven otras semanas
de migraciones inútiles hacia
una pizarra que milita en el desierto.

Al día azul le faltaban más insignias, la noche dejó de
respirar su blancura gris. Hay
demasiada castidad en este amor. La descripción de esta
ridiculez dejó de segregar un
arcoíris migratorio.

No me asusta saber si las cenizas de este crematorio
educativo tan lujoso y absurdo, tiene
la certeza de que este genocidio perfumado ya no es
anónimo.[1]

---

[1] Poema leído el 20 de marzo de 2016 en el emblemático auditórium Cooper Union 's Great Hall. El texto fue escrito en memoria de Eric Garner, afroamericano, quien siendo estrangulado por un oficial de la policía de Nueva York durante 15 o 19 segundos, murió en Staten Island, hecho que conmocionó la opinión pública. Su falta de respiración lo hacía repetir "Yo no puedo respirar", grito desgarrador que el autor de este poema rescata para describir la situación de "coma" de los profesores adjuntos de la universidad de Nueva York (Cuny), frente a la total indiferencia e insensibilidad de su administración hasta el día de hoy.

DE TURISMO POR EL VALLE DE LOS CAÍDOS
(Nueva York, junio 2019)

Turismo para el *show* de la justicia

Todo da risa, la misma risa y la seriedad del *performance*,
y lo hacemos con gusto aunque nos humillen con dolor
al abrir las puertas de este paraíso lapidario.
Hay un pus dulce en nuestras manos
para un maquillaje desafiante.
Lástima, querido lector que no puedas saborearla.
Es la miel anónima del gran juicio.

Una memoria invertebrada dirige su marcha hacia
/el infierno.
Mi orfandad aguarda en el borde de otro
/purgatorio alimenticio
para hambrear el alma.
Militamos en un basurero atormentado por el desprecio.

Los gatos exportan los sueños hacia una caja
de sorpresas políticas y apocalípticas.
Pero faltaba un culpable,
una excusa barata para la prensa independiente
salvar la más sana diversión de "circo."

El perro libre del primer mundo es demasiado fiel
para poder intelegir su destino humillante.
El del segundo Armagedón silencioso soy yo.
Solo ladro para ejercitar las cuerdas de mi orgullo
y cobro en efectivo por ser el payaso canino de mi amo.

La mayor parte del día medro con 2 muletas
o arrastro *un walker* o una silla de ruedas.
Los otros se arrastran para arrancarle pisadas al mundo.

Divierto a la niñera con mis saltos colosales
y mi obediencia incomprensible ofende a los soberbios.

Soy la *risoterapia* de los infieles.
Enterré mi identidad en un poema.
Me robaron el concurso del placer.
El jurado que descartó mi caligrafía
murió antes de quemar el veredicto.
Mi pesadilla me la juego
en los santuarios del deber incumplido.
No me hago caso si me destierran
de esta residencia en la sombra.

Las murallas de la sentencia insultante intentan detener
/mis pasos
pero no me aprisionan lo suficiente.
Son muy antiguas para contener la imaginación
de este dolor sin fin y sin cámaras vengadas.
De tanto besarlas, ya habitan nuestro corazón.
El del tercer mundo eres tú, hijo mío.

Tú, quien te ríes de tus propias miserias,
terminas celebrándolas como el triunfo desolador
del folclore sin fin de la era.
Eres ducho en perder elecciones o en ser condenado
/a muerte y callar,
alabas tu suicidio con fervor,
cuidando un Banco que descapitaliza tus razones
o sigues asaltándote a ti mismo para devorar los bienes
de tu desmoralización.

Tu propio Judas

Yo creía que eras un borracho
dispuesto a desafiar tu risa, saborear tus lágrimas
y celebrar el no haber matado a tiempo tus dobles,
o los siameses que crean tus noches de placer calculado
y sin juzgar el no haber llegado a tiempo al destino
de los culpables de existir o de caminar
por la ciudad con sentido práctico.

No conoces más deleite que arrodillarte
frente a la putrefacción política.
Te quitaron las preguntas imposibles,
las palabras rameras,
la dicha devorada por la risa de este homicidio voluntario.

Amas el honor y la dignidad de ser el esclavo número uno.
Te ocultas entre los resignados a perderte
entre las masas que alimentan los más inmundos césares.
El que un día renunció a salvarse en la apatía de la dulzura.
No importa si te llaman Mumías Abu Jamal o Nelson Mandela.
Quizás fuiste una vez una sombra de Ángela Davis
o un niño violado por un turista desvelado en mitad de la noche.

Nadie supo si tu preferencia sexual tenía sentido
o si la ambigüedad sexual te convertía en una víctima,
o en un héroe flotando en el bochorno
de otra crisis medieval del pudor.
Tú deberías hablar todas las lenguas del dolor
pero no te atreves a descodificar la del llanto inmundo.
Conoces la del humo, la del signo zodiacal del silencio.

A veces juegas al mudo o al loro dogmático
y ahogas una cotorra dentro de ti.
Un inútil sabueso con ganas de amanecer
siendo el salchicha de la limosna agradecida.
Un sultán trasnochado por el escupitajo de algún dios
sin memoria femenina.

Vienen más caídos arrastrando la semántica del verbo caer.
Se suman a una sintaxis monótona.
Dan ganas de expulsar el texto de sentir ganas
de inaugurar una morfología traidora.
Eviten su lectura íntima.
Los caídos no leen desde el campo de la inercia.

Solicito amablemente otra agonía insuperable.
Una escoria noble, una orgullosa porfía,
la sabiduría ofensiva del caído pesa
sobre la culpa del último sátrapa consentido.
Haz que te la arrebaten los sueños de otros otra vez.
Vive el lujo tormentoso de devorar tus raíces.

Acúsate de celebrar tu destierro
con una cerveza nacional en la mano.
Una otredad sin término ni duda.
Y dilo para que tus restos lo oigan:
Soy el hombre de almidón,
el turista del ratón en los bolsillos.
Suspira por tu ausencia digital.
Fuiste un otoño sin un libro de cabecera.
La biblioteca solo acepta almas consagradas.

Campeones de un embrutecimiento seductor.
Los muertos aplauden tu última caída.

Sales al reparto de tus órganos,
inaugurando una lujuria civilizada
para responder al poder de la mentira.
Vomita otra vez.
Aquí hay un busto desarmado a tu servicio.

Le robaron el uniforme a la estatua de tus lágrimas
y derritieron su arma de reglamento para divertir
/a un dictador.

Hay una masa silenciosa de caídos en motores,
caídos que corren exhibiendo sus músculos,
caídos que fuman la pipa de una guerra que nunca fue santa,
una jugada sin progreso salarial ni menstrual.
Todos los caídos somos presos domiciliarios
/del desorden sagrado.

Derrochamos el rencor,
malgastamos el odio y no hay ningún trofeo
para degustar el último sabor de la desesperanza.
Te vencieron las promesas.
Las farmacias estaban ahí, listas para disparar en masa.

El hospital te acogió y te hizo el amor.
Te dejó entrar sin camisa y saliste
como el gran turista enfermo de sus teorías liberadoras.
Fuiste el payaso sin caravana o la muñeca hambrienta
ya no encontraba una máscara creíble
en medio de la oscuridad.
Identifica tus huellas dactilares.
Grábalas sobre las lápidas vacías
y los cementerios decorativos del porvenir alternativo.
Solo sirven para amar o esconder la ilusión
de tu propia cobardía en un poema impotente.

Jura decir la verdad sobre tus triunfos fallidos.
Te pintaste el cuerpo para desconocerte.
Nadie sabe que estás desnudo de tus ambiciones.
Vendes tus órganos en vida.
Te entierras en vida para salvar la mentira de esta civilización.

Te perdiste entre los fantasmas que pagan
/por verte progresar.
Oler tu grajo,
fotografiar tu paraíso fiel sobre la acera inaudita.
Nadie te acusa de morir con valentía.
Solo te culpan de perder el tren de un sueño imposible
o *el shopping car* del progreso.

Una religión hipócrita desea quitarte
el deseo unánime de desaparecer bajo una bomba táctil,
tan notoria que tú la puedes ver con total desenfado.
Duermes en el borde de la dicha de una fuga
no encuentra más caverna que tu propio arrepentimiento.
Nada te arrebata el sombrío brillo de ser nadie.

Celebremos juntos el fracaso de la irracionalidad.
Ejerces tu derecho a morir del mismo acto fallido de vivir.
Explotas de una vez cada vez que das un paso en falso
hacia el final de una afirmación del fracaso sorprendente.
Celébralo con fervor.

Grita. Arrastra tu miseria identitaria.
Saluda a la estatua de un desperdicio,
la bruma de los dioses que te arruinaron.
Soborna tu traición.
Sales del ataúd para perfumar los troncos.
Justo para la inutilidad de un jardín de huesos
desprovistos de salitre.

Celebras tu viaje sin ningún remordimiento suicida.
El absurdo te libera de ser sano.
Ni Guayasamín hace falta para explicar la estética
/de tu osamenta.
Te roban mientras mueres.
Te venden después de haber sido enterrada
con premeditación y alevosía.
Tu ataúd ya está en pública subasta.

Tú eres el primero que compras tu nariz y besas tu boca.
Los usureros de la melancolía no te dejan amarte.
Llevas una isla enterrada en el corazón y a nadie le importa.
Las olas anuales emborrachan la ternura.
Los náufragos regresan para celebrar el hundimiento
/de los sueños.

Dejaste de existir porque te negaste tres veces
pero la numerología no cesa de ayudar tus deberes.
Eres tu propio Judas.
El Mesías no da señales de recuperación.
No importa quién te lleva gabela.
Vas en auto celebrado por un país de papel.

No importa si eres un Raúl Mondesí.
La metáfora de un cuento sin fin.
Su béisbol no lo aprendió en una escuela de Agronomía
ni leyó a Marx en una ciudad desconocida.
Llegaste a lo precario del poema.

Los caminantes del Bronx no te dejan dormir.
Los caídos sí se levantan, caen en guerras más intestinas.
Su recámara es tan amplia como el mundo.
Los candidatos huyen para no frustrar un nuevo
/desafío político.

Entregarlo todo, inclusive el bolígrafo,
el boleto de avión,
el acordeón de boca,
a cambio del paraíso de Cristo Rey.
Votaste por ti mismo y te echaron a perder
en un parque totalmente inútil.
Las palomas hacían el ridículo al pisar
sobre los hombros de un almirante.
Te moriste sin haberte diplomado lo suficiente
en los adverbios del rencor.
Te peleaste por ser tú mismo, una muerte segura,
irrenunciable una perversión pública.

Dos pecados te condenan.
Ni tú mismo sabes por qué te negaste a ser negro
y a pensar en otro arcoíris.
No sabes por qué te asquea la independencia.
No pudiste pasar el detector de la verdad.
No quisiste llenar tus sobacos con un libro soberbio.

Perderte fue el gran heroísmo de un deber absurdo.
Renuncia a esa piel mentirosa.
Rompe los relojes.
Hablas la lengua del miedo.
Saltas de cualquier caravana y no cabes en las
/carpas de la época.
Eres el mono gramático de un circo abandonado en mitad
del desierto.
Un desertor fichado por los dioses que infectan
el deseo de ser sano, y oler bien.

Te gusta morder manzanas podridas
tal como las orejas de un pirata sordo.

Y también vivir en la religión del anonimato.
Existir de desistir,
sabiduría plena de un retroceso ambulatorio.
Ser el cero de una suma equivocada que nunca interrogaste.
Te invitas a perder para no decepcionar el desprecio.
No conociste todas las cadenas
pero nunca fuiste libre de desistir de jugar a la ruleta.
No necesitas casas de cartón
como los de dos patas del primer mundo.
Este *harakiri* te conviene aunque no convenza.
No hay vacunas ni tres comidas humillantes.
A veces te convierten en drogadicto del espanto,
un soplón más de tus caricias,
un chivato de 4 patas de los organismos de inseguridad
al servicio del regreso a otra válvula de escape.
Tu mala educación es más alta que la mía.
Me dicen maldito perro y me tiran piedras
y me escondo con los vigilantes del Banco.

El gato es otra cosa, si ya no lees en verso.
La prosa es la miel de los hambrientos.
El gato traiciona su origen mundano
para prolongar más su miseria interior.
Es el terror del *daycare*.
La terapia perpetua de un abismo
solo importa como obra pictórica de un recuerdo.

 Lo pintan para recibir poetas y vender postales.
Agoniza en las ventanas como un búho
comprometido con las estrellas,
como refugiado de una vida demasiado civilizada
para volver a ser el cazador de su propia muerte.
El perro es un instrumento de perdición
de la gran sociedad de consumo.

Los dos cómplices son la terapia de los que solo se aman
/a sí mismos.
El perro siempre trae el hueso del amo
y hasta duerme en su cama por tres comidas al día
y una vacuna sospechosa.
No deja de parir para que el amo venda a sus propios hijos
para comprar una pipa que no llega a ser la de la paz
y se empecine en perder la pareja del parque.
Es el policía que denuncia al que trafica con su vanidad.

Mejor salir de prisa para evitar la ternura falsa de
/los otros caídos.
Bloquean el tráfico de los limpios de uñas.
Llenan el paraíso de enfermedades venéreas inéditas.
Feliz de distanciarse de sus últimas máscaras.
Ofenden los restos de imaginación torpe
que aún sobreviven mientras huimos del énfasis
de aquella frustración sórdida.

La cultura deshumanizada marcha de espalda
/a sus tinieblas.
La casa del conocimiento cierra sus párpados
referente a los centros de investigación de su destino.
Ninguna rebelión justifica el paisaje de
/su última enfermedad.
Ellos son los desechos sagrados de la historia.

El caballo es el símil de las más crueles interrogantes.
Las chatarras se burlan de ellos.
La modernidad liberó el caballo, pero sus restos
reposan en cualquier callejón citadino para
/alimentar moscas,
ratas, aves de rapiña que pasan en sus carros de lujo
a legislar sobre el destino del próximo árbol.

Pasan a administrar la desesperanza con orgullo,
algunas veces con un perro de raza,
o un gato hermoso que le da terapia
a los que tienen como oficio analizarse.
Tu caso es distinto.
Yo evoco su traición benigna.
La escriben otros menesterosos de la agonía del *subway*.

Volví a mi abecedario semestral

Al álgebra de una desesperación hermosa.
Un hotel maldito que nunca se para
para que los médicos imaginarios certifiquen las últimas muertes
el desprecio suicida de los dolientes de la distribución
/de la riqueza.

Hay que llorar por los beneficiarios del crecimiento económico.
La convocatoria solo arrastra corbatas.
Un *tour* por la caverna promueve su contra danza.
Su protagonismo más notorio sigue siendo la ausencia
/de pudor.
El rencor es el *daycare* de la dicha.
Ya no tienen que reportar el último *Income Tax*.
Odian a los contadores públicos desautorizados
y sienten asco por los abogados que luchan
por defender el final de la partida.
Solo protagonizan el desarraigo de la soledad.

Fueron la excusa de la evolución burguesa
y ahora de la revolución fascista,
la liberación lineal de las dudas sangrientas
y el fracaso de los últimos latidos del corazón
de los estados fallidos del alma.
Fueron la miel más lúcida de las cruzadas espirituales
/del odio.
La franja de Gaza de una comedia sin sentido.

Arrastran una suciedad inofensiva
y no son dignos de confianza ni siquiera de las moscas.
Los pájaros huyen de una bondad reprobada por las ardillas.
Hacia esa masa anónima a veces huye un artista cansado de
/pintar el vacío
o un poeta sucumbe con sus metáforas muertas hacia otra
invisibilidad.
Una neutralidad legalizada por la atmósfera los aprisiona
hasta desmentir su desprecio por respirar bien.

Hemos sido condenados a huir de los espejos.
Somos una vanidad cuya misión involuntaria es deshacer
los últimos restos de identidad de un sistema putrefacto.
A través de ellos se descubre nuestra vanidad interior.
Somos el rostro que nos niega.
Formamos una suerte de videntes adictos a zozobrar
en la rebelión de la ceguera.
Tenemos el coraje de socavar la desolación.
Sabemos morar en la superficie de un vertedero hermoso.
O dormir plácidamente bajo el lujo de una aguja oxidada.

Las ratas cuidan el *daycare* desechable de su crisis jubilable.
Ya no creen en oraciones fallidas ni en discursos del fin
/del mundo.
La miseria es su última liberación fugaz.
Brinden a su salud los herederos de sus lenguas olvidadas.

El desprecio escribe sus memorias
a pesar de la hipocresía de los culpables de crear
/comedores económicos.
Cargan con la ley del simulacro de las mochilas falsas.
No impiden descubrir el juego azaroso de un despojo
milenario.

Góngora en motoconche
Representan la antípoda de las consignas inútiles
de los que solo caen de pie para disimular su horizontalidad.

Ellos dicen ser los verdaderos turistas del valle de los caídos.
Lloran al revés.
Mueren bajo una lucha de contrarios,
protegidos por los caprichos del poder.
Su bancarrota es la victoria del Banco Central del regreso
/sin límite.

Una organización sin fines de lucro es la embajada,
certifica su expulsión hacia el desorden.
Pintan una mentira flotante sobre la superficie del dolor.
Hacen residencia en una acera turbia,
privatizada por un tumor público.

Adictos a verlos desaparecer bajo la lluvia,
se esconden en los portones de una catedral mundana
donde los curas huyen hacia el arte
y cuentan el depósito bancario de las colillas corporativas
al final del día.

Saborean el crecimiento económico de la indigencia
como la dieta sagrada del *Show* de la justicia.
Si el frío nos condena a dormir bajo la dicha de una sala
/de emergencia,
damos gritos apetecibles para cuestionar la inseguridad
/de los opresores.

ELLA NO ES MI TIPO
(Nueva York, agosto 2019)

Dictaduras depredadoras

Las dictaduras latinoamericanas fueron maquinarias
depredadoras, verticales, circulares y horizontales.
Hoy todos nos parecemos a Trujillo.
El laboratorio ya no es el de los niños de Brasil.
Nuestros gestos fueron globalizados por *Facebook*.
Alguien dice que fue una clonación necesaria.
El rumor sensual habla de una imaginación extraordinaria.

La ley del intercambio orgánico es un secreto sin honorarios.
La consigna era: cualquier vagina es mía,
al igual que la tierra y el destino de los hombres.
La preferencia sexual era parte del fascismo.

Hay un abecedario sexual lineal.
Una lectura sin intertextos recurrentes
excluye otra sexualidad.
Entonces surge un gatillo alegre.
Hasta el uso de una mano es un asunto oficial.
Una matemática básica sin decoro.
Y una geometría hipotética.

La posición del punto no importa.
Los ceros pueden estar a la izquierda
o a la derecha del centro de la desdicha.
La ética del intercambio es indiferente.
El día está uniformado aunque se vista de civil.

Por una C te doy el seno derecho
y hasta una visa en el Bronx,
si bajas del ombligo.
Por una B te doy el izquierdo, pero cuidado,

puede estar vinculado a un marxismo de derecha
o a un fascismo sometido al otro.
Si soy muy viejo sin esperanzas de una muerte lenta,
te mudo por un beso y dejo que me chapees
hasta en el cementerio de Woodland.

Si aún quedan promesas a crédito,
puedo regalarte una beca en una cocina erótica
o un pos grado si eres ducha en los peines calientes.
Si eres negra, te ofrezco el tronco de las dudas
y el miedo más reciente de *El Big Papi*.
La soberanía del béisbol sale cara.

Si tienes conciencia de tu cuerpo,
yo cuido las necesidades del vientre de tu profesión.
El salón del reino es tuyo aunque seas hereje.
El harén dictatorial puede ser la esperanza
de un orgullo esclavo inédito.
No somos tan mahometanos, budistas ni tan judíos.
Nuestro cristianismo solo admite
cruzadas políticas obligatorias.
Aunque hayamos cambiado de madre patria,
nadie habla de los depredadores de la agonía.

Los muertos siempre entregan sus cenizas
aunque haya un abecedario infiel.
El generalísimo Rafael Leónidas Trujillo Molina,
el padrino de la nación,
se hizo cargo de las hermanas Mirabal.
Tenía sus casas de campaña y sus celestinos bien pagados.
El erario público tenía un destino sexual
al margen del presupuesto.
Las calles fueron el desierto familiar
de un debate horizontal.

Necrofilia fragmentaria

A veces hacemos el amor con un muslo.
Lo llevamos a cuesta y lo rasuramos con miel,
hablamos de la indiferencia del piadoso culo,
y del miedo al regreso de los dientes de leche,
y se suma la pedofilia de las muñecas tontas
a la desaparición de la vida comunitaria.
A veces hay un ojo que nos mira
para confirmar nuestra muerte.
Cuando eso sucede,
una mujer enciende el televisor mientras
otros muertos actúan para hacernos creer
que el séptimo arte ha logrado su objetivo final:
aniquilar las cenizas de la máscara del esclavo.

Ella no es mi tipo

Dijiste que ella no es tu tipo.
Este no es un concierto negativo
sobre tipología de la opresión.
Ella no ha dicho yo soy el elegido
no soy la comida rápida de su clase.
El sujeto de ella no puedo ser yo.
Ella no es una ruina posesiva
ni siquiera un heroísmo trágico
para divertir el ansia del pecado.
Yo no soy el tormento decidido.
No soy quien decide desposeerse
no me pertenezco como sombra o
dádiva mundana de un delirio.
Yo no soy otro capricho del deseo.
Ella no es la adicción de mis quimeras.
Yo no soy la soberanía mancillada.
Confírmenlo ustedes: *I am not his type*.
Aquí el tipo despreciable soy yo
solo represento un fracaso transitorio.

No la culpen por flotar sobre la nada.
Yo soy un fiasco premeditado
de este urgente delirio me conformo.
Yo soy quien se ha auto desquiciado.
Nadie me ha condenado a ser aldea.
Ella no congenia con mi estirpe.
Tampoco se refugia en mi desprecio.
El mío la desnuda como objeto
de una jugada divertida y rastrera.
Aquí el objeto a despreciar soy yo.

Ella no se objetiva en mi egoísmo.
Yo no le pertenezco a su destino.
Ella tampoco entiende mis razones.
No te he elegido como el trauma
de mi más solemne hipocresía.
Tú no me has elegido como tonta.
Tú no eres la comedia de esta risa.
¿Por qué tengo que ser juzgada por ti?
El dolor de mi ausencia ya no piensa.
Esta historia se devora a sí misma.
En un juicio que no me corresponde
mis palabras no merecen nombrarte.

I am not your negro
Tributo a James Baldwin

La posmodernidad llegó, se estableció, echó raíces en la intimidad del reino negro del Bronx, el lugar donde un conductor blanco me insultó con hermosura. Me voceó un *Maldito Negro* lapidario con la triste intención de atacar a quien todavía respeta el último *Speed Limit* de 25 millas por hora, impuesto en el imaginario paraíso de la lentitud del 2019. En la Avenida Webster no solo supe que era un negro olvidadizo, sin dejar de asombrarme de aquella divina regeneración poética. Si a alguien se le ocurre seducirme diciéndome: *You are my negro*. Lo pienso seriamente y si es durante un acto sexual inocente, no siento nostalgia del *brown* ni me invade el temor de ser el blanco del deseo. La sexualidad y el amor descubrieron la identidad real del exilio pero tampoco le hacemos caso. Somos negros metafísicos. Los depredadores sexuales actuales nunca atacarían a sus víctimas con el arma más letal del mundo: *Esta tierra no es tuya, Negro*. Aunque yo sienta deseos de decirte: *I am not your negro*. La verdadera belleza solo muere en los tribunales de la horizontalidad. Si abres las piernas a tiempo, el genocidio voluntario se apunta una victoria pírrica. Ni tú mismo te defiendes del deseo de morir con las botas puestas.

Yo me desdoblo

para hacer posible el teatro
de la ausencia más interesante.
Puedo ser el insoportable *incredible man*,
un boceto denunciable o actúo
como una de las tantas vaginas invertidas
fuera del monólogo,
cualquier Mesalina,
una de las víctimas del teatro rodante del poder
o una de las infinitas ambigüedades
desprovistas de un rostro.
Ninguna mujer me acusa de acoso sexual.
Sufro de abstinencia deficitaria.
Mi Alzheimer no es totalmente presidencial.
No me he hecho la primera circuncisión.
No soy presidente de ninguna corporación
sin fines lucrativos inconfesables.
No tengo acciones en la bolsa de valores
de ningún prestamista incurable.
No hay suficientes sicarios dispuestos
a pagar por mi silencio.
Yo no soy y no tengo razones para ponerme su máscara
y volver a ser el genial comediante del decoro.
No puedo avergonzar a los negros
ni hacer reír a los blancos con mi genio
a prueba de acosos *infragantis*.
Me quedarían seis vidas
si yo fuera poseído por un gato mitológico.
Occidente está lleno de gatos egipcios
y pirámides que no han sido examinadas
por los aduaneros del Purgatorio.

Ningún *drone* vigila esta piratería cínica.
El acoso islámico no es como el cristiano.
La mujer es crucificada en secreto
pero como hay complicidad,
hay lágrimas suficientes para el día del sacrificio.
Los azotes públicos representan las caricias
de una degradación mayor.
Las pedradas no han sido totalmente prohibidas.
Tampoco los machetes ni los bates.
La religión del gimnasio alimenta esa fuerza.
Hay secuestros fundamentalistas.
Besos que faltan.
Torturas sensuales.
La flagelación del himen es un mito necesario.
Un culto al macho liberado por la consagración a la libertad.
Los dioses se alimentan de la sangre de las niñas.
Las compran y la venden por un capricho.
Tengo tanta suerte.
Ninguna mujer ha escrito un libro
para denunciar mis engaños espectaculares,
sobre todo cuando hago el papel de hombre oveja.
Mi mano muere sobre una rodilla indiferente
y revive sobre cualquier tumba.
Puedo amarme a mí mismo sin que nadie lo sepa.
Convoco a la mujer que me habita
y al hombre que huye de mí en la noche,
el que no soporta mi desnudez absoluta.
Ninguna ha mentido para salvarme
de muchas décadas de hipocresía.
Jean Carroll no me ha acusado todavía.
La venganza no deja de ser libresca.
Los analfabetos salvan a los caníbales de espíritu.
Sus entrevistas siguen ignorando que el Bronx

es el reino negro de todas las interrogantes.
Aquí las mujeres llevan sobre sus hombros un hogar
que adolece de la carcoma del paraíso.
No hay un transexual que me acuse
de escribir un poema bisexual.
Yo mismo no me acuso de ser un estado fallido
de la cultura fálica.
Me creo el enmascarado de plata
aunque las balas sean de salva.
Y ningún indio me acompaña.
El Llanero Solitario cuestiona la legitimidad del negro.
Me gustaría cambiar mi pistola por una de juguete.
Soy un pacifista peligroso.
Me calientan el pensamiento los tobillos
de cualquier cenicienta despreciada,
dono las cadenas y aplaudo el tatuaje
de cualquier desventura invertebrada.
Vuelo hacia la Osa Mayor si la nuca oculta
algún oro lapidario.
Sufro de otras metamorfosis presidenciales
o de un cuerpo que muere en un lugar equivocado.
Tengo las manos grandes y sabias,
la cintura no cuenta aunque sea ancha.
Tengo firme el talle de la orgía.
Le enfrió el pecho al homicida.
Si muere pago sus cuentas atrasadas.
Me duelen las rodillas de tanto pescar en río revuelto.
Liberé a Mike Tyson de la silla eléctrica.
Sus puños no tenían conciencia identitaria.
Lo salvé de una biografía inocente.
No era totalmente negro.
Yo tampoco era totalmente mulato
para creerme el blanco de una opresión dulce.

La querella policial aún no ha llegado.
Los tribunales se mueren por interrogarme.
No han examinado las pruebas contundentes
de tanta frustración.
La televisión está vacía de mí.
El radio no critica mis silencios.
El gran juez del presidente,
le ganó a una mujer inocente.
Solo acusan al payaso de ocultar
que yo no soy un juez
acusado de acoso sexual.
Serán los partidos políticos centros de acoso sexual
donde no se discute el retiro de un juez
ni el referéndum de una mirada.
Es que ser mujer sigue siendo un asunto
de capilla ardiente,
o debemos esperar que lleguen los 50,
o los 60 para enfrentar el crimen
de un apretón de manos,
una caricia inesperada debajo del ombligo.
Nadie me acusa de posponer un orgasmo
para leer un poema inocente de sus dudas.
No soy Lorena Bobbit para ser un desecho
de la televisión deficitaria,
o un triunfo fálico de un *Show Man*
de la lotería de risa,
tampoco soy la heroína del pene militar
con derecho a réplica.
Me tocaron en un *daycare* fronterizo,
el campo de concentración no estaba
entre los glúteos de una consigna
sin deseos inevitables,
lo juro delante de la suprema corte

de la injusticia teórica,
no fui amante de Bill Clinton,
no soy ni siquiera prima de Paula Jones.
En el 2016 no podía votar por la primera dama.
Mónica Lewinsky debería ser indemnizada de por vida.
La horizontalidad fue prohibida en la Casa Blanca.
Estuve allí por razones académicas.
Tampoco sabía que él era presidente
de una Federación de seres indefensos,
yo no fui amante de Michael Dukakis
y mucho menos de Richard Nixon.
No sabía que estaba ausente del matadero electoral.
Soy un cura pedófilo por amor a Dios.
Por su misericordia llegué a Polonia
para morir sin haber sido absuelto
por la inocencia de mis víctimas.
La inquisición de la posmodernidad
cuenta el miedo a los tribunales.
No hay sicarios en la Santa Sede
ni en las jaulas de los niños fronterizos.
Muchos no volverán a ver a sus padres.

Necrofilia de carne y cobre

Ella regresa al paraíso perdido de una comida rápida y un jardín comunitario, lleno de mariposas blancas. El santo la aguarda desde su vida metálica, de pie, firme, en el mismo pedestal del jardín de Ámsterdam, oteando a los intrusos. Mientras su amante la escoltaba por la arboleda atormentada por una sospecha, ella corrió de prisa detrás de la sabiduría de un pordiosero. Besó sus andrajos. Dejó atrás a su amante. Nadie se interesó por el misterio del acta de defunción del santo. El estado de salud de ella era óptimo. Era un homenaje a la vida libertaria y apocalíptica de un hedonismo redentor. Rodeó el jardín de la catedral del arte hipotecado. Lo cuestionó con todos los sentidos. Revisó la historia del demonio con la cabeza cortada dentro de la fuente seca y besó los pies de un Cristo Redentor distraído con la ausencia de su primera crucifixión. Ante la incapacidad del Hijo de Dios para resucitar frente a su belleza, ella huyó de prisa hacia el jardín de un *daycare*. Allí estaba el santo esperándola con los brazos abiertos y la moneda airosa de su pecho desnudo al aire libre. Sus pantalones azules, rotos desde las rodillas, pintaron un despojo de mujer apetecible y el magnánimo, acostumbrado al sacrificio, se dejó seducir por sus manos soberanas y por la prontitud con que ella decidió explorar el cobre sensual de su piel caliente. Cuando la estatua de aquel cristianismo apócrifo intentó escapar hacia el mundo de los vivos, la pasión del cobre la retuvo con el pajarito ardiente seduciendo sus manos. Ella intentó rezar, pero él no se lo permitió. Sus labios se apropiaron del aleteo indefenso, impidiéndole su último vuelo.

BARILOCHE TROPICAL
(Nueva York, noviembre 2019)

Bariloche

Ábrete otra vez
que el mundo quepa en tu boca.
Haz que tanta paz duela
cierra los párpados
déjate morir por el calor.
No vuelvas de esa dicha ausente
saborea los caprichos migratorios
de esta estancia sin sentido.
Hay metáforas salobres
que no han sido descifradas
ayuna para componer
este himno sin patria.
Iza esta bandera inútil
haz que Bariloche
vuelva a tropicalizarse.
Ahora crece una palmera
bajo los vientos del Caribe.

El fuego de un fósforo

Te repaso antes de hacer el amor.
Se activan las neuronas del sentido
yo descubro otra teoría del deseo
eres el punto fijo de un lunar negro.
Un conocimiento inútil triunfa.
Él estaba llamado a cantarte
con una ficha bibliográfica
para devorar sus derivados
entonces apostamos al seis
con otro firme de cabeza
y fui cayendo en un abismo delicioso.
No me comprendo como deber,
la ética del deseo es una desventura
de irreprochables sorpresas.
Te seguiré repasando para imaginarte.
Deseo que vivas una crisis fálica.
Cántame en tu lengua.
Hazlo con tus manos
asústame,
sedúceme
con tus emociones.
Transgrede las formas,
deshabita el género.
No nos acomodemos a la historia
de la sexualidad de la opresión.
No puedo tocarme en el templo
del conocimiento fatuo.
Falta la burla de una gárgola.
Para recuperar la lucidez
hay fariseos sensuales.

Te acompañaré aunque no lo sepas.
Te dejo para que te ames,
descubre otros gemidos,
ábrete a otras formas.
Estamos entrando en otro mundo.
Habítame, por favor
no me dejes pensar
tómalo sin cuidado.
No preguntes
Es tu destino.
Asúmelo.
Deja que te vea el alma
alzando el vuelo de la lechuza,
huéleme otra vez
debo obedecer al dios del instinto.
No saldré del fondo.
Ámate mientras yo desciendo.
Sácate las alas con orgullo.
Imagínalo.
Estaré ahí.
Entrégate a ti misma.
Luego narra la historia
de este genocidio
para yo amarme también
sobre el fuego de un fósforo.
Cuando yo escape de aquí,
dile que todo es suyo
encadénate a su deseo.
Yo lo haré con quien
escribe esta historia.
Agárrate las dos manos
él canta su temblor
mientras tú las contemplas.

Góngora en motoconche

Goza tus rodillas para él,
él te repasará otra vez
para escribirte de nuevo.

Estamos en línea

Estamos en línea,
pero los rieles
nos traicionan.
Escribe te espero
en otra estación
mientras el tren
ocupa el centro del deseo
el amor espera lejos
al borde de mi corazón
oigo otros rieles.
Y siento el filo
de sus machetes afilados.
Sueltan chispas
seducen la espera.
Yo aguardo por ti.
Arriba un rumor
suave de otros rieles
alimentados por el deseo.
Y sigo aquí y allá
cuestionando la escritura
besando tu recuerdo
sintiendo el alboroto
de esta mañana cuando
se abren otras puertas
y no arriba otro alfabeto
o estás entre fantasmas
que juegan a enviar
el último mensaje
de esta travesía
de adioses.

Esta isla no está en venta

Hablamos otra lengua.
Yo hablo una inorgánica.
El alfabeto sanguíneo
abriga un jardín de vocales
por donde gime un dedo
duele la piel donde duermen
las consonantes húmedas.
A mi diestra se sienta
el codo del amor invertebrado
la tarde de un tren sordo
transporta nuestros huesos
hacia otra caricia lúcida.
El vientre arriba entonces
sobre los ojos de un muslo
medito sobre la virtud
de una secreción dulce
duele hacerlo al aire libre
nos miran otras lunas
cae nieve sobre la punta
de un seno equivocado
yo enciendo un cigarrillo
el humo airoso saborea
el discurso del sobaco
la leche que bebemos
es tan tibia y negra
y los sueños nadan
flotan otros gemidos
grita el ayer contra el hoy
demanda el desconcierto
de otras extremidades.

Me dejo besar sobre la suerte
de un himen inteligente
tus brazos salvan un temor
de agravios indiferentes
hay niños que lloran
y el viento trae uvas sin promesas
ábrete, cuélgate, muda el ansia
hacia una codicia sin escrúpulos
saborea este alfabeto extraño
descoloniza el adiós
déjate seducir por los jeroglíficos
de los cuerpos pintados
disueltos sobre el sudor
de un espanto sin reservas
entra en el territorio de las dudas
son buenas para pensar en tu cuerpo
hay un horizonte donde el semen
sabe a mujer,
y hay velas para ver tus sandalias
y mosquitos para recordar
el dulce monopolio
de tus rodillas
mientras yo espero por ti
bajo una isla que no está en venta.

Escribirás en mi cuerpo

Todavía podemos salvar la piel
de su delicioso aburrimiento
sigamos a los caídos sin la cruz
para estudiar la geografía
de un secreto escondido.
En los confines de un codo
escribiremos el poema sagrado
de la hipocresía del grito,
yo volveré a escapar
de estos rieles interrogantes
ya cantaremos el poema
de una paz nómada,
sobre tu frente escribiremos
el discurso voraz de la soledad
de este orgasmo insostenible
sufriremos de otros caprichos
pondremos las tizas a un lado
para poder desalojar
los pensamientos
de colonizaciones inútiles
y volveré a ser obediente,
haremos un amor políglota
sobre el recuerdo monolingüe
de otra piel mundana
más oscura y brillante
si nos persiguen los sicarios
aún hay cabeza para recordar
tus cabellos perfumados.
Y la lluvia de un recuerdo
cualquier final será inútil

para alimentar tu piel infinita
recita un poema orgánico
donde solo lean los dientes
una lengua sorda gritará
hay un *daycare* inteligente
bajo el árbol de tus piernas
descubrimos otras semillas
hay una lengua airosa
si dura el índice, advertirás
la seducción del arcoíris
habitaremos la última silueta
de un deseo improvisado.
Ya retornan otros cuerpos
cansados de saberse
saltan sobre islas agonizantes
flotan las entrañas milenarias
de este amanecer sin ti.

**CUARENTENA POÉTICA
ALGUNOS POEMAS DE 2020
(Nueva York, marzo 2020)**

Pesadilla viral

Una cenicienta lee su último epitafio.
Tiembla cuando mira las ventanas.
Por la mañana sale de su cuarto a reír
salta sobre un depósito de ropa usada
atraviesa un pasillo iluminado
por velones sin santos,
en ruta hacia un refrigerador
de leche condensada.
Hay restos de una casa desmantelada.
Ella la recorre huérfana del gato.
Mira un radiador frío encendido.
Luego vuelve a un cuarto de fundas plásticas.
Apaga las luces para encender un fósforo.
La escucho hablar con el mapa de la isla.
La isla interior no responde a sus preguntas.
No llama al receptor de los deseos muertos.
Llama al enfermo de la estrella de marzo.
Vuelve a salir y entonces
recorre el *daycare*.
Le limpia las ruedas a los autobuses.
No hay braceros cantando en español.
Repasa el alfabeto de la sala de espera
cuenta hasta diez en torno al corral
y se decide a bañar muñecas blancas.
Un hombre araña tose sentado en su trono.
Ella no se asusta si escupe Superman.
Del pedestal de un difunto salta el gato.
Arriba la familia completa del Pato Donald.
Hay un virus tocando la puerta
del negocio inocente de Walt Disney.

Le pone la máscara a su fotografía.
Lloran los niños fugitivos
del exilio de las cunas sin bobos.
Se activa la hamaca
de una puerta fronteriza
gira una muñeca de trapo rosado
todo el día
un bebé tose fuerte.
El coche del futuro está vacío
un oso *brown* acepta ponerse la máscara
de un enfermo de amor
afuera clama un pino del canto de los
pájaros de una primavera incestuosa.
Las ambulancias pasan sin parar
una patineta espera frente a una puerta muda
se escucha insistente un timbre.
Han lanzado las cartas del mes
sobre el jardín de un coche abandonado
bombardean el aire los fumigadores
oficiales de un arcoíris falso
pero ella jamás saldrá del fuego.

Abuelo

Si el virus continúa su matanza a mansalva,
cebándose en cualquier caricia,
cuando la vidriosa saliva cae
sobre la piel del silencio,
como una gota de diamante microscópica,
no importa si llega a través de un hijo pródigo
o de algún miembro del placer de la genealogía
de algún desertor. Ahora resulta que ya peligran
los cimientos del origen.
¿Quién descubrirá el agua tibia?
¿Quién me llevará a la escuela virtual?
¿Quién dirá con ternura: Hola, abuelito,
puedes llevarme al parque
de la imaginación otra vez?
¿Quién nos contará cómo era el mundo
antes de esta última pandemia?

Social distance

A tu cuerpo y al mío
los separó la nanotecnología
sensual del terror financiero y la falta
de pudor de los depredadores.

A la estatua muda de la libertad
y al muro de todas las melancolías
los separó el duro exilio
de un patriotismo virulento.

A la condición humana del tormento
le viene bien apresurar la pequeña muerte
con tus manos caprichosas
para salvar la hambruna del deseo.

Un hiato ambiguo arde
preguntando por tu boca sedienta
creando un dulzor misterioso en la cintura.

A tus ojos mansos
los unió un virus estrellado
seductor de un silencio vengativo.

A tu blusa sin hombros
la saliva de un virus funeral
y la inocencia juiciosa del ombligo.

A la hoz y el martillo histórico
de la indiferencia, una llave risueña
de remota desvergüenza.

A tus pantalones sordos
la ceguera de mis dedos
y la revolución permanente
de los bolsillos hambrientos.

Noticia de última hora
arribó la lluvia helada del adiós
y se nos enfrió el poema horizontal
de una dicha desprovista de quimeras.

Al virus de tus párpados cansados
lo derrotó una lágrima inocente.

De la sorpresa primaveral
nos separó un pino tierno
y el canto de los cuervos
fue un oscuro designio...

Al viento humeante
lo acaricia el rumor del miedo,
y una calle vacía de nosotros
clausura todas las pasarelas.

Al asfalto cómplice del freno
una tumba sin escrúpulos
y la resistencia del laurel
no logra imaginar esta victoria.

A los muertos fogosos del pensar
otras flores mágicas saludan
la locura de la ausencia.

Góngora en motoconche

Al patio del futuro solapado
le quedan días militarizados
por los protagonistas
de esta cuarentena piadosa.

A la angustia traidora
el amor de este toque de queda
y la ridiculez del espanto
nos deja sin atributo.

A la inquieta neblina del pesar
las puertas cerradas
de un corazón desesperado
por dejar de ser lineal.

Y luego tantas preguntas
fuera del *Blackboard*
nadie ofrece una respuesta.

Juego inocente

Cuando nos relajamos de verdad
y no te ríes de la falta de promesas
de este poema lapidario de última hora,
el virus del dos mil veinte huye de la belleza.
No soporta que hayas ido al notario
o duermas sin saber de la certeza
de los seis pies de distancia.
Sugiero que para atacarlo con primor
nos vistamos como el juglar de *La Corona*
hospitalaria. De esos que no saben dónde
ha muerto su madre o dónde espera
el gato de las terapias residuales.
No te dejes confundir por el miedo
a esta condena, marea del ansia.
Llama a alguien para descifrar el deseo.
Pinta el miedo de un sicópata de Estado.
Tírale bolas de béisbol al rostro tácito
deshace esa risa agresiva con un
lanzamiento que dé en el blanco de la risa.
Ponle la cola al monstruo con los ojos
cerrados o mete un gol espectacular,
ahora que los estadios sufren de un cáncer,
la metamorfosis de un hospital de juguete.
Visita la muerte con una flor roja.
Escribe un poema para los presidiarios
de esta cuarentena especulativa,
inventada para deshacer la identidad
de esta dichosa decadencia globalizada.
No celebres haber vivido esta era fálica.
No permitas que te agüen la fiesta.
Ya no eres menor de edad.

Inventemos una broma absurda
el cuento espectacular de un Edén sano
que nos salve de la psicología de la opresión.
Una fórmula ridícula puso de moda
la escasez del papel higiénico
y la esperanza de una calle cerrada.
Nómbrame heredero de tus más íntimos bienes
a cambio de leer este poema en una
siesta de esta cuarentena equivocada,
y como la ternura es una mirada ridícula
ayúdame a terminar este rescate vital
podemos a correr en torno a un punto cardinal
una casa vacía de abrazos irracionales
un hastío ridiculizante y hermoso
sin *ping-pong* para alimentar la infancia.
Besa las nubes. Posa descontaminando
la ruta de las aves de rapiña.
Si mueres antes de alguna tos confusa
de un pulmón desechable, recuerda este
desierto. Lo escribí para ti y para todos
los pronombres anónimos desconfiados.
No han sido sentenciados por la tristeza
para recorrer la casa de la risa. Falta
la feria de la demolición del progreso.
Apúrate. No hay tiempo que perder.
Tírale cualquier "vaca muerta"
al súper *clown* de la riqueza disoluta.
Todavía tenemos opciones para jugar
al tiro al blanco, a veces funciona la injusticia
o le entregamos un arma celosa de futuro:
La ruleta rusa de una tarde bohemia.
Y la risa de los niños arriba a la escuela
del virus estrellado dentro de su propia "casa".

El laboratorio criminal milita en su propio cuarto.
Ellos me ayudaron a recuperar la salud mental
de este *daycare* virulento.

Tu nombre es Jonathan

Despierta, hijo. No permitas que te vuelvan a dormir. Recupera la lucidez de la voluntad. No aceptes esa conjugación apocalíptica del pretérito de dormirse. La ciencia libre no acata las reglas ideológicas del sueño. La de los mercenarios juega a ser ambivalente. Los lapidarios del exterminio no se quedan en casa. Tus raíces no permanecen en el laboratorio del dolor. Tu voluntad cuestiona un sueño orgánico. No te preocupes por el despertar de la desesperanza. Eres demasiado racional para que supriman tu voluntad de viajar hacia el nacimiento de la vida. No es tu culpa. Pasan días y noches de amor y no despiertas a tiempo con tu máscara sagrada. No puedes hacerte un *selfie* para saber cómo duermes y yo para pensar en los desertores del misterio, y tú no puedes evitar ser la mascota de un dudoso regreso. Contigo, hijo, el modo imperativo no funciona. No es una pena de muerte tácita. No hay una silla eléctrica gratuita ni una cama cómoda para hacerte dormir voluntariamente. Todavía te queda el indulto precoz de un sueño experimental. La tristeza de una niñez tardía te acompaña. Ya no eres el *income tax* de Mount Hope o el hijo de la casa del Landlord. Tu madre renunció al exilio del ocaso para proteger el alba. Tu cuerpo nunca supo de pandemias milagrosas ni de cuarentenas piadosas. No tuviste la oportunidad de disfrutar la cuarentena como terapia vespertina en Grand Concourse. Ni tú mismo recuerdas el monolingüismo infantil, cuando te obligaron a hablar inglés sin barreras. Hubo una época, en que jugar a comer no era un exorcismo peligroso. Cualquier hambruna en pañales podía ser utópica. Hubo otra en que el pretérito de haber era un sinsentido. No sabías hablar el portugués del amor a

Ignacio Lula da Silva. Ahora puedes traducir la esperanza de Fernando Pessoa al inglés, directamente, sin *googlear* ni hacer un safari de 15 días sin saber si tenías esposa ni progenitores, y un hermano cuando te convirtieron en una obra maestra de un laboratorio horizontal. Fuiste un simple experimento sobre el derecho a la vida, atormentado por los recurrentes tal vez del *Children Hospital*. Ya puedes vivir de verdad, como la última hipótesis del condenado a ser libre de un destino incierto. Sólo tienes dos alternativas: ¿O mandas el virus a rendir su memoria al Fuerte Apache del Bronx o te defiendes de tu misma debilidad? No podías alimentar las estadísticas de los grupos afroamericanos que nunca fueron negros, aunque puedan tolerar ser nativos de las sombras, si hay un éxodo de la Bolivia de Evo o de la otredad colonial de América. Afortunadamente, ya recuperaste la identidad del hombre prehistórico. Ya se sabe de dónde vienes y se sospecha quién fuiste de la secuencia de los últimos 30 días. Tu nombre es Jonathan. ¿Lo recuerdas?

Metamorfosis de la agonía

Será que nada es lo mismo. Yo no soy el maestro, el padre, el conductor de una ambulancia. Yo no soy el Landlord ni el supervisor de la miseria. Tampoco soy el *adjunct* de 1986. Me convertí en una empresa residual. En una red de sortilegios. Ya no soy el *homeless*. Soy el liberto que arrastra las viejas cadenas hacia el mar. Soy otros personajes. La conciencia de un suicida. El muerto que no se cree desechable. Hay una dialéctica del dolor, si un barco no es un barco. Tampoco confiemos en la virtud de las Iglesias. Algunas volvieron a convertirse en cementerios dudosos, en reservas federales, casa de arte herético, santuario de suicidas o en teatros liberal de otra época o en hospitales apestosos de una belleza intransferible. Una cárcel ya no sirve para despreciar la libertad o encarcelar las dudas o liberarnos de la pena de muerte. Hay que liberar los presos para que no mueran de esta peste. El hogar viene convirtiéndose en una cárcel desde hace mucho tiempo. En su interior germinan otros patíbulos. La pena de muerte permitía salir a salvar el moro. Moríamos en masa en una soledad que fue consumiendo los restos del hogar. Hacía falta un virus para creer que estamos vivos. El hombre civilizado es demasiado inteligente para renunciar a su independencia. Evoluciona hacia otra prehistoria. Una selva virtual que se nutre de las dimensiones de la distancia.

Sol pandémico

Ahora los ciegos pueden ver su ausencia.
Para nada salió el Señor Sol otra vez.
Yo me pregunto si este escenario es adecuado
para pasar un examen de orina inteligente.
Nadie permite que dialogues con el papel higiénico
de otra época de dinteles liberales
o dormir sobre la avenida del progreso
o batear bolas pesadas hacia el guante de oro
del hijo de papá. Quizás hay que limpiar
el patio de pelotas de béisbol pérdidas
en las últimas décadas.
Siento que hoy no es un buen día para morir inútilmente,
de cara a los rayos de un sol
baldío, nada hay de salobre, ni de rastrero.
Es necesario morir bajo un paisaje distinto
hay una razón para denunciar la primavera.
No vale la pena acusarla de tanta belleza desgastada
en la desaparición de la mirada.
A lo mejor hay una moratoria en un quirófano.
Alguien se levanta otra vez y se niega a morir
por voluntad propia. Tuvo el coraje de negarse
y volvió a respirar. Oigo otras ambulancias
la noche anterior. En lugar de bachatas y acordeones,
los camiones de bomberos fueron el romance infantil
/del adiós.

Volvieron a sonar sin cesar otras ambulancias,
arrastrando el silencio de una morgue húmeda
en medio de una discreción absurda, volví
a pensar en ti. La máscara se fijó en el rostro
como la última comedia pandémica.

POEMAS NEGROS
-EN BUSCA DE LA NEGRITUD-
(Nueva York, noviembre 2020)

Caña brava

Deletreo sobre la arena tu primer nombre.
Es dulce, firme y recto.
Los machetes lo derriban sin misericordia.
Sangro por ti. Aguardas mi sudor.
Hay una zafra sensual para los días sordos.
Canta conmigo.
Yo aguardo en el museo del café
para descolonizar mi nostalgia.
Acompáñame. Te espero en un puerto
donde tampoco serás libre.
El paraíso se asusta del grito del tambor.
Baila tu dolor en mi piel.
Las serpientes saludan el canto de tus manos.
Mueve los pies con el fulgor de tu cintura.
Beso tu piel para saciar mi sed.
Somos negros de verdad.
Que no nos proteja la memoria ajena al negro.
Tú resistes en una aldea donde la dicha no tiene más pudor
que el exterminio del mar. Habítame.
Duermes sobre la arena de mis manos.
Nadas para deshacer los restos de esta dulce angustia.

Carta para cortejar a un rey prófugo

Qué dichoso soy. Enfriamos el café y nos bebímos las lágrimas del distanciamiento social del amor. Soñaba con esa agua salada de tristeza sensual. Hicimos un coro sin una virgen de la Altagracia que arruinara el deseo de pecar con firmeza. Es curioso, el rey Juan Carlos huye de España. Mi memoria ficticia dice que ostenta 500 años de ciudadanía mortuoria. Por ninguno de sus crímenes va a ser deportado. Su extradición sería utópica. La oligarquía lo indulta. Encerrarlo en la cárcel de la Victoria por los crímenes de guerra de los reyes católicos, sería una equivocada de la era de Luis Abinader y Donald Trump. No hay jueces insulares para un tribunal colonial invertido. Si el insigne rey al menos leyera un poema de Antonio Machado o nos trajera un busto negro de Federico García Lorca, pondríamos en duda que es un doble noble invertebrado. No sabemos dónde el humilde rey oculta su tesoro. Tampoco dónde decora una sala con los animales de caza de una selva inocente. Lean en pasado el presente siguiente: Está tan cerca de nosotros y nuestra tierra es tan absurda que le da albergue a su cetro. Brilla su corona. Recibe los caballos del Apocalipsis de una velada secreta en Punta Cana. Los buitres de la historia dicen: Déjenlo en paz. Volvió a desandar sus calles en busca de sus raíces más perversas. Se reirá del altar colonial de la ciudad primada de América, mientras tú lloras, mientras dices te amo y yo digo te amo o me hago un selfie en medio de plazas donde no hemos hecho el amor, pisos preservados para saludar a los reyes católicos de la eurofilia que vuelve en busca de las huellas dactilares de la opresión hermosa. Mi otredad camina como zombi, buscando la esquina ensangrentada de un Comendador. En mi tierra no hay todavía una calle para interrogar la perversidad de *las* encomiendas, ni una biblia mansa para iluminar las cruces de una cruzada de hmbres de militancia blanca y negros sin cabeza, mientras beso tus lágrimas y la idolatría de Borges no me importa tanto ni si es inimitable al decir de Vargas Llosa ni si expulsaron mi negritud en El Salvador en el 1932 por afro descendiente, cuando simultáneamente, el dictador criollo blanco, Rafael Leonidas Trujillo Molina, padre de la patria nueva del innombrable almirante, otro defensor del concordato blanco que hoy ayuda al rey Juan Carlos a defender la legítima dinastía de sus raíces. El magnánimo huyó a la tierra que más amó Colón para humillarla. A pesar del antiguo idilio, el rey rufián se escondió por unos días en los Emiratos Árabes. Eso dicen. No huye de la memoria del genocidio. No hemos decidido desinfectar la calle Bartolomé o la de Diego ni hemos cuestionado el virus de 500 años de orgía histórica. Todavía se venden en el Alcázar los fantasmas de las Carabelas del terror, mansión vacía de nuestras sombras, mientras yo busco el mapa de Marco Polo para desinfectarlo de audacias coloniales o descubro un Atlas mercenaria. Veo a Américo Vespucio preparando la guía amarilla del tratado de Tordesilla, midiendo los confines del mar de los Colones. Somos tantos colones que damos risa. Hagamos una pausa, el Covid 19 no se va a enterar, mujer, bésame frente al hotel donde se oculta la última dinastía de los Borbones. Los besos espantan la desdicha y, a veces, una lágrima descolonizadora inunda el río Ozama. En sus aguas flotan los secretos sangrientos de los encomenderos y la iglesia falsa del siglo VXI. Hacía falta salar los peces de esta mañana aunque este rey no huye del virus como las meditaciones del rey de Marruecos. Dicen que huye para recuperar las fuerzas en Las Canarias y no como el rey de Tailandia. Se crece con el virus: Hay 20 concubinas esperándolo para celebrar su anonimato. Una isla es un secreto de confesión que no le importa a nadie. No hay un sermón de adviento contra el rey de la nostalgia inmobiliaria ni un decreto que declare la hispanofilia una enfermedad incurable del siglo XXI, tan nefasta como la actual anglofilia que también ayuda a blanquear el negocio de la infancia.

Indulto perverso

Perdono mis manos
mi cuerpo
mi risa
mis dedos
mi pelo
reliquias del cementerio del consumo
Floto en mi infinito *walking closet*
Perdono esta blancura humillante
Perdono mis pies
mis piernas
estas que en los momentos de crisis
me llevaron a jugar golf
Después de una matanza
jugar golf es hermoso
Los demás no traicionaron mi deseo
de hacer una guerra comercial contra mis aliados
para salvar la política del aburrimiento
Perdono mis ojos por solo ver
la belleza del mal
También mi voz
mi cabeza
mi cerebro
mis oídos
mis uñas
Bailé con estos órganos
la danza de la espada
salvé un genocidio de su falsedad semántica
Yemen era un Armagedón secreto
La pandemia disimula su continua caída
Me ilusiona matar ríos indiscretos
bendecir la miseria de la arena

Góngora en motoconche

Perdono la alegría de mi rostro
Una vez creí que era perfecto
Adoro los espejos que ocultan mi alma
Siempre ganaba la lotería de la risa
Lo lograba hasta cuando perdía el humor
Era perfecto para burlar el déficit fiscal
Solo me amé a mí mismo
me canté como el último invertebrado
pero no me celebré como Walt Whitman
Desprecio la poesía de su vagancia humanitaria
la novela
el arte
la música
los gitanos
los pobres
Perdono la luz que alumbra el llanto
Yo que nací bajo el fascismo
de la oscuridad
adoro mi sed de poseerlo todo
Perdono el sentido común de mi nariz
Soy tan despreciable al ostentar
esta apariencia de ser gente
esta falsa sensación de ser incomprensible
Perdono la ausencia de mi corazón
Todos los órganos anteriores me fallaron
decidí exonerarlos de inocencia
Por cierto
odio a los médicos
a los papas socialistas
a los científicos
los laboratorios
a las enfermeras sensuales
No soporto las mascarillas

Pueden proteger al enemigo
No perdono a los obreros
ni a los parias del sur de la pobreza
a quienes plancharon mi ropa
Bendigo las máquinas que lavaron
mis trapos sucios
Alabo hasta el deliro
a los que disparan en honor a mi nombre
a los que mataron sin piedad
siguiendo mis órdenes estrictas
un tigre perfumado
un león sin señas de identidad
Celebro al pie de la letra,
a los que le gritaron negro a George Floyd
a los que mataron la sonrisa luminosa
de Breonna Taylor y Trayvon Martin
a los negros que corren por equivocación
a los que llaman *rapist* a los mejicanos
a los que soldaron las rejas de las jaulas
Amo a los que justifican este infierno
hipotecario adicto a la intemperie
Perdono mi sangre
mi colesterol malo
mi salud inútil
a mis hijos
a mis nietos
Soy inocente de ser abuelo
Soy culpable de ser padre
Debo ser incriminado por ser hombre
Perdono a las momias que me hicieron caso
a quienes escriben mis prohibiciones
a la biblia con la que posé para engañarme
me ridiculizo a mí mismo

Soy un déspota adorable
Pido perdón para todos mis cómplices
por crear la religión de la mentira
por declararme en bancarrota
para salvar el mito del Súper hombre
por nacionalizar la desesperanza
Estoy seguro: nunca fui real
No tiene sentido serlo
Fuera de Facebook, Tweeter,
WhatsApp o Messenger
fui demasiado irreal
Todos mis sueños fueron inútiles
No sé por qué dependo de los órganos
que promueven la banalidad de este poema
Nada justifica de mi parte oler, pensar,
sentir, vivir, leer, fingir, matar, existir, sentarme,
matar es bueno para infectar la desesperanza
abrazar o besar al prójimo es otra cosa
firmaré estos perdones humillantes
Como suicidarse es para los cobardes
me duele no haber perdonado a Jeffrey Epstein
Amo a los incautos por atreverse a imitarme
Adoro a los que besan mis zapatos
a los tontos que creen representarme
a todos los lacayos inmorales
a los defensores de los imbéciles
a los que ocultan mis crímenes
Mi libertad fue creada por una complicidad
con los enemigos de la civilización
por eso tengo razón
al perdonarme a mí mismo.

Tomás Modesto Galán es escritor dominicano que reside en Nueva York, desde el 1986. Actualmente es presidente fundador de la Asociación de Escritores Dominicanos en Estados Unidos (ASEDEU). Es co-administrador de la página: *Descolonización Cultural*. También es autor de *Cartas desde la diáspora*, una publicación mensual con temas de actualidad. Es parte de la junta directiva del Festival Hispano del Bronx. Fue el presidente de la Feria del libro del Bronx: *Libro Abierto*. Ha sido profesor de la Universidad Autónoma de Santo Domingo, Pace University y de la Universidad Dominicana O&M. Actualmente enseña en York College. Fue coordinador del Comisionado Dominicano de Cultura en los Estados Unidos. Sus ensayos, poemas y artículos aparecen en revistas, en las redes sociales y en numerosos antologías. Entre sus obras más importantes se encuentran: *Los Cuentos de Mount Hope* (novela, 1995) y *Los niños del Monte Edén* (cuentos, 1998). *Cenizas del Viento* (poesía, 1983), *¿Es popular la poesía de Juan Antonio Alix?* (ensayo), 1987, y *Diario de Caverna* (poesía, 1988). *Subway* (poesía, 2008). *Al margen del color* (novela, 2014). En el 2014 su poemario *Amor en bicicleta y otros poemas*, ganó el concurso "Letras de ultramar". *Odisea Vital* (poesía, 2017) es su última publicación. Su antología personal *Góngora en motoconcho*, recoge una muestra de su poesía 1983-2021. El 16 de octubre del 2015 fue nombrado: Poeta del año, por The America's Poetry Festival de Nueva York. En el 2016 fue parte del primer gran Poetry Reading: Cuny Writers Against Austerity. Algunos de sus textos han sido traducidos al inglés, árabe y portugués. Ha participado en numerosos festivales nacionales e internacionales.

Su Website en progreso es: tomasmodestogalan.com

Se puede acceder a su obra consultando en Amazon. com. Para más información sobre su labor como gestor cultural, visite su canal de YouTube: Tomás Modesto Galán.

www.ingramcontent.com/pod-product-compliance
Lightning Source LLC
Chambersburg PA
CBHW020639230426
43665CB00008B/239